디지털 시대의
정체성과 위험성

초연결시대
치유인문학
공동저서 ④

디지털 시대의
정체성과 위험성

김선희 김광연 이현재
유서연 정성미 정락길

앨피

이 저서는 2019년 대한민국 교육부와 한국연구재단의 지원을 받아 수행된 연구임 (NRF—2019S1A5C2A02082760)

머리말

이 책《디지털 시대의 정체성과 위험성》은 강원대학교 인문과학연구소가 '초연결시대, 이질성과 공존의 치유인문학'이라는 화두 아래 전개했던 연구의 결과물이다. 코로나라는 전염병으로 인해 벌어진 세계적 사건은 모든 위기가 그러하듯이 보이지 않던 새로운 긍정적 가능성과 부정적 가능성을 드러내 보였다. 세계가 하나의 몸처럼 엮여 있다는 사실의 발견, 여기가 아프면 저기도 아프다는 사실 등을 통해 공존의 미래라는 과제가 미결정의 열림 속에 놓여 있다는 사실을 알 수 있었다. 또한 전염병으로 인해 세계는 디지털의 가능성을 확인한 동시에 역설적으로 디지털의 속도와 편재성에 놓여진 고통과 불만들을 확인하였다. 이러한 디지털 시대 두 개의 얼굴이 이 저서에 실린 글들 속에 다양한 방식으로 모여 있다.

김선희의 〈디지털 가상화의 매끄러움과 탈-현실화에 대한 철학적 분석〉은 가상에 대한 욕망이 인간의 가장 근원적인 현상이자 능력이라는 성찰에서 시작한다. 저자에 따르면, 시공간 현실의 지배를 받는 현존재Dasein로서 인간은 한편으로는 한 치도 물러설 수 없는 현실에 노출되어 있는 반면, 다른 한편으로는 탈-현실의 장으로서 꿈이나 상상 나아가 개념적 사유 등에 의한 초-현실계, 즉 가상세계에 노출되어 있다. 그리고 디지털 가상세계로의 이주, 특히 코로나19로 인한 이동 속도의 가속화와 이동 시간의 압축적 단축은 일상의 변형을 가속화하고 있다. 과연 디지털 가상세계가 현실과 변별되는 존재론적 특이성은 무엇이며, 디지털 일상을 지배하는 패러다임의 정체는 무엇일까? 저자는 초연결시대의 디지털 가상화를 '매끄러움das Glatt'이 지닌 탈-현실화를 중심으로 비판적으로 분석한다. 이를 위해 저자는 우선 디지털 인류의 새로운 현실로서 가상현실에서 노정된 인간과 현실의 언어화와 디지털 가상화에 있어서 전도와 역-전도 현상을 다룬다. 현실과 가상의 역-전도화의 정체를 살펴본 후, 매끄러움의 긍정미학을 망막 세계가 지니는 동일화 문제의 관점에서 접근해 보고, 매끄러움의 미학이 수반하는 동질화의 부작용을 성찰한다. 그리고 마지막으로 디지털 가상세계에서 현실의 삶에 대한 부정으로서 추함의 추방에 대해 고찰한다. 이처럼 디지털 가상화와 매끄러움의 망막예술이 지닌 탈-현실성의 문제를 니체와 한병철의 시선으로 분석해 봄으로써, 저자는 초연결시대 디지털 가상화가 수반할 수 있는 병리적 현상에 대한 예방적 담론의 철학적 단초를 제시하고 있다.

김광연의 〈호모 모빌리언스와 마주봄의 철학〉은 스마트폰의 발달과 기술혁명으로 촉발된 초연결시대를 살피고, 이러한 기술로 인해 벌어지는 소통의 변화에 대해 이야기하고 있다. 저자는 우리들이 얼굴을 마주하는 나와 너의 관계 속에 살고 있는 동시에, 초연결시대에 익명의 다수와 함께하는 새로운 소통 방식을 추구하고 있다는 점에 주목한다. 초연결시대에 태어난 호모 모빌리언스는 타인과의 거리두기에 이미 익숙한데 코로나19로 인해 도입된 사회적 거리두기 시스템이 업무와 교육에서 사람들과의 만남을 최소화하는 것임에 주목하면서, 다른 사람들과 어울려 만나는 것이 단순히 얼굴을 마주 보는 것을 넘어서는 철학적 함의를 지니고 있다고 강조한다. 호모 모빌리언스와 코로나의 만남은 타자와의 만남의 거리를 더욱 멀어지게 만들고 있다. 이처럼 얼굴 없는 타자와의 소통에 익숙해지고 비대면 사회가 지속되는 가운데, 저자는 타자와의 직접적인 만남을 통해서 진정한 '나'를 발견할 수 있다고 말하는 마르틴 부버Martin Buber의 사유의 중요성에 주목한다. 저자는 코로나 시대의 비대면 시스템과 호모 모빌리언스의 만남에서 극에 달한 이질적 타자에 대해 살펴보고, 우리에게 상대방의 얼굴을 마주 보면서 느끼는 형이상학적 가치와 철학적 함의를 대해 살펴보고 있다.

이현재의 〈디지털 도시화와 정신쇠약적 주체의 탄생: '생물학적 여성'과 강박적 도시문화〉는 이 시대를 '디지털 도시화'의 시대로 명명하고, 디지털 도시화로 인한 정신쇠약 상태가 '생물학적 여성'을 강박적으로 확증하려는 페미니즘의 흐름을 만드는 데 일조하였음을 주장한다. '디지털폴리스'는 가상이 아니라 "실재이자 상상인 현실"(에드워드 소자Edward Soja)이며, 디지털폴리스 거주민의 몸은 인간과 비인간의 상호관계를 통해 형성되는 '물질-기호'의 장(도나 해러웨이Donna Haraway)이다. 그러나 시뮬라크르의 홍수와 함께 디지털폴리스의 거주민은 실재와의 관계, 물질과의 관계를 상실한 채 상상과 기호로만 부유하게 된다. 셀레스테 올랄퀴아가Celeste Olalquiaga에 따르면 자아가 환경과 섞여 버리기 쉬운 이러한 시뮬라크르의 홍수 속에서 거주민들은 자신의 몸이 소멸될 수 있다는 공포, 즉 정신쇠약의 상태를 경험하게 되며, 이러한 공포를 봉합하기 위해 '생물학적 여성'이라는 상상계적 이미지를 강박적으로 반복하게 됨을 주목하고 있다. 저자는 '생물학적 여성'을 강조하는 페미니즘 역시 강박적 도시문화의 한 사례라고 본다. 그들은 디지털 성폭력 등 유기체로서의 몸이 유기되는 디지털 도시화의 상황에서 물질-기호 관계로서의 몸에 대한 이해를 확립하기보다는, '생물학적 여성'이라는 상상계적 몸 이미지를 강박적으로 반복함으로써 몸 소멸과 침범의 공포에 맞서고자 했다. 결국 '생물학적 여성'이 상상계적 동일시에 기반하는 한 그들은 '생물학적 남성'뿐 아니라 MTFMale to Female 트랜스젠더와 같은 경계횡단적 이질성도 배제하는 방향으로 나아가게 될 수 있다.

유서연의 〈디지털 시대 성폭력과 시각의 광기〉는 4차 산업혁명 시대에 접어든 지금, 나날이 디지털 기술이 발전하면서 시공간을 초월한 연결성이 강화되고 온/오프라인의 경계가 무너지면서, 우리가 가상과 실재가 결합되는 영상이 범람하는 시대를 살고 있음을 주목한다. 그러나 '보는 기술'이 빛을 발할수록 '보는 폭력'의 그늘 또한 깊어 간다. n번방, 웰컴투비디오와 같은 다크웹, 딥페이크물, 여자화장실이나 탈의실에서의 불법촬영, 메타버스 성범죄와 같은 디지털 성폭력이 그것이다. 왜 이 시대 '보는' 것이 문제가 되고 있으며, 그것은 왜 폭력과 광기를 동반하고 나타나는 걸까? 저자는 대체 '본다'는 것은 무엇이며, 시각이 왜 다른 감각에 비해 더 폭력적으로 변질되었는지를 서양철학의 역사가 배태한 관조와 관음증, 그 배후에 있는 '현전의 형이상학', 그리고 그 토양에서 자라난, 모든 것을 보고자 하고 지배·통제하려는 근대의 시각중심주의의 광기를 추적하면서 살펴보고 있다. 렌즈 연구가 추동한 서구의 근대 시각문명의 발달과 관음증적 욕망이 유달리 성범죄에 관대한 한국의 문화와 결합하면서, 디지털 공간에서 성폭력이 폭발적으로 자행되고 있다. 이 공간에서 이루어지는 성폭력은 서구 관조의 전통 배후에 있는, 존재를 시간성이 배제된 눈앞의 대상으로 바라보는 '현전의 형이상학'의 부활이다. 이 글은 관음증적 시각과 결합하는 '현전'이라는 시각 경향의 대안으로서 촉각적·여성적 시각을 제시한다. 그 시각은 여성을 비롯한 타자,

그리고 자연과 생명에 공감하고 공존하려는 시각이라는 점에서 에코페미니즘적 시각과 결합할 수 있는 하나의 가능성을 제시하고 있다.

정성미의 〈[+사람] 신어의 개념적 은유 속 수저계급론과 혐오 현상〉은 2016~2019년 신어 중에서 [+사람] 신어 속에 포착되는 개념적 은유의 유형과 그 개념적 은유에서 부각되거나 은폐된 의미에 대해 살펴본다. 은유는 유사성을 근거로 근원영역과 목표영역 사이에서 구성되는데, 근원영역은 물리적 영역이고 목표영역은 추상적 영역이다. 이 글은 [+사람] 신어의 은유적 사고인 개념적 은유에서 부각되고 은폐된 의미를 분석하여 사람에 대한 이해와 사람을 바라보는 세계관을 살펴볼 수 있음을 구체적 사례로 입증하고 있다. [+사람] 신어 속 개념적 은유의 근원영역에는 벌레·좀비·동물·수저·요정·사전·AI 등이 있었고, [+사람] 신어 속 개념적 은유는 부각과 은폐를 통해 인간을 비하하고 혐오하는 현상과 부모님의 경제력을 근거로 불평등한 계급론을 반영하고 있으며, 소비·저금과 같은 경제활동에 대한 긍정적 시각도 보였음을 고찰하고 있다.

정락길의 〈혐오-카타르시스와 승화 사이: 데이비드 크로넨버그의 영화를 중심으로〉는 영화를 통해 디지털 시대의 모습을 살퍼본다. 데이비드 크로넨버그David Cronenberg의 〈비디오드롬〉, 〈크래쉬〉, 〈엑시스텐즈〉를 중심으로 몸의 영화적 재현에서 제기되는 고통의 경험과 그 의미를 고찰하면서, 이러한 영화들에 등장하는 등장인물이나 세계가 병리적 상태 속에 놓여 있고 몸은 하나의 사물적 대상으로 다루어지고 있음을 주목하고 있다. 피부가 침 혹은 바이러스와 같은 것에 의해 더러워지거나 절단되고, 몸의 내부 속으로 무엇인가가 침입하는 등의 혐오적인 이미지들을 드러내면서 그 의미가 무엇인지를 질문하고 있다. 저자는 크리스테바Julia Kristeva의 '혐오적인 것'의 개념을 중심으로 자기애의 위기, 상징적 가치의 붕괴 속에 놓여 있는 현대사회에서 크로넨버그의 영화가 인간성에 대한 역설적 질문을 던지고 있음을 주목하면서, '혐오적인 것'이 던지는 카타르시스와 승화의 문제를 제시하고 있다.

2022년 6월
저자들을 대표하여

차례

3부   디지털 문화에 함축된 혐오 현상

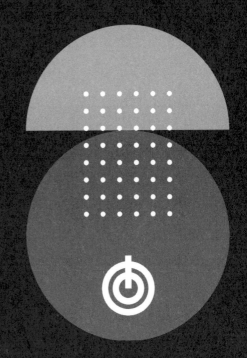

1부

디지털 시대의 정체성과 철학

디지털 가상화의 매끄러움과
탈-현실화에 대한 철학적 분석

김선희

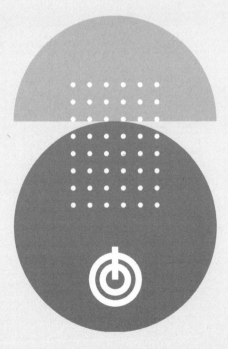

이 글은 2021년 《동서철학연구》 제100집에 수록된 〈니체와 매클루언에 있어서 디지털 망막 가상화 속 탈–대지화와 탈–신체화에 대한 비판적 담론: 니체와 한병철을 중심으로〉를 수정·보완한 것이다.

디지털 초연결시대의 철학적 과제

지구에 불시착한 코로나19가 미친 가장 큰 영향 중 하나는 단연코 4차 산업혁명의 실현 기간 단축이다. 이는 인간과 인간, 인간과 사물, 사물과 사물이 마치 거미줄처럼 촘촘하게 네트워크로 연결된 초연결사회hyper-connected society로의 진입을 의미한다.[1] 초고속 디지털화로 인한 디지털 세계의 가속적 비대화는 인간과 인간 사이, 인간과 자연 사이, 개인과 사회 사이의 디지털 관계의 강화와 아날로그 관계의 약화를 가속화시키고 있다. 디지털 초연결사회로의 급전환은 오프라인의 초단절화를 수반함으로써 초연결의 반쪽 연결성이 지닌 치명적인 한계를 노정하고 있다. 이러한 현상의 이면에서 아날로그 접촉에 대한 노스탤지어 출현과 더불어 인간, 자연, 세계 사이 연결의 의미와 가치가 비로소 우리의 피부에 와닿고 있다. 이러한 현상들은 우리에게 디지털 사회의 초연결에 따른 삶의 디지털 가상화가 삶에 미치는 가치에 대한 검토를 요청한다.

가상에 대한 욕망은 인간의 가장 근원적인 현상이자 능력에 속

---

[1] 초연결사회라는 용어의 중심어인 '초연결hyper-connected'은 2008년 미국의 IT 컨설팅 회사 가트너Gartner에서 처음으로 사용되었다고 한다(고삼석, 《5G 초연결사회: 완전히 새로운 미래가 온다》, 메디치, 2019, 25쪽 참조). 5G 기반의 초연결사회를 이해하기 위한 5개의 키워드로서 5초超, 즉 연결 그 이상의 연결로서 '초연결사회', 경계의 파괴와 혁신으로서 '초융합', 스마트함을 넘어서는 '초지능', 세상을 보는 새로운 창으로서 '초현실', 마지막으로 생산성과 성장의 격차 확대로서 '초격차'가 제시되고 있다(고삼석, 《5G 초연결사회: 완전히 새로운 미래가 온다》, 15쪽, 25~70쪽 참조). 나아가 초연결성은 인터넷 연결 차원에서 보자면, 사람인터넷IoP, 사물인터넷IoT, 만물인터넷IoE, 그리고 만물지능인터넷IIoE 등으로 구분 가능하다(곽영빈 · 신정원 외, 강원대 인문과학연구소 엮음, 《초연결 시대 인간-미디어-문화》, 앨피, 2021, 27쪽 참조).

한다. 시공간 현실의 지배를 받는 현존재Dasein로서 인간은 한편으로는 한 치도 물러설 수 없는 현실에 노출되어 있는 반면, 다른 한편으로는 탈-현실의 장으로서 꿈이나 상상 나아가 개념적 사유 등에 의한 탈-현실계, 즉 가상세계에 노출되어 있다. 가상세계는 고대부터 가혹한 현실의 원초적 피난처였다. 인간은 현실에서 도피하여 잠시 탈-현실에서 휴식함으로써 다시 살아갈 힘을 얻을 수 있었을 뿐만 아니라, 현실에 존재하지 않는 초-현실적 경험을 통하여 가혹한 현실을 극복할 지식을 구하기도 하였다. 이처럼 탈-현실이자 초-현실로서 가상세계는 순기능과 더불어 역기능도 적지 않았다. 인간은 가혹한 현실의 피난처나 전략적 요충지, 즉 탈/초-현실세계로서 가상세계에 과도하게 의존함으로써 병리적 현상을 수반하기도 하였다.

21세기 디지털 가상세계로의 이주, 특히 코로나19로 인한 이동 속도의 가속화와 이동 시간의 압축적 단축은 일상의 변형을 가속화하고 있다. 현실과 변별되는 디지털 가상세계의 존재론적 특이성은 무엇이며, 디지털 일상을 지배하는 패러다임의 정체는 무엇일까? 인간의 희로애락을 현실에서 풀어내기보다는 모니터나 모바일이 제공하는 가상세계, 즉 디지털 망막 세계에서 풀어내는 망막 주체에 상쇄된 디지털화된 삶에 대한 성찰이 필요한 때가 바로 지금이다. 초가속화된 디지털 세계로 폭주하는 시기에, 디지털 기술이 제공하는 디지털 가상세계의 역기능과 그 병리적 현상에 대한 예방적 성찰이 절실하다.

이 글은 초연결시대 디지털 가상화를 매끄러움das Glatt이 지닌 탈-현실성을 중심으로 비판적으로 분석할 것이다. 우선 디지털 인류[2]의 새로운 현실로서 가상현실[3]에서 노정된 인간과 현실의 언어화와 디지털 가상화에 있어서 전도와 역-전도 현상을 주영민의 《가상은 현실이다》와 니체Friedrich Nietzsche의 《도덕의 계보》 분석을 통해 드러낼 것이다. 현실과 가상의 역-전도화의 정체를 살펴본 후, 매끄러움의 긍정미학에 대한 한병철의 비판서 《아름다움의 구원》[4]과 《땅의 예찬》,[5] 니체의 《비극의 탄생》을 망막세계가 지니는 동일화 문제의 관점에서 접근해 보고, 이어서 매끄러움의 미학이 수반하는 동질화에 의한 부작용, 즉 탈-이질화 양상을 미에 대한 욕망과 고통에의 기피를 중심으로 성찰해 볼 것이다. 마지막으로 디지털 가상세계에서 현실 삶에 대한 부정으로서 추함의 추방을 살펴볼 것이다. 이처럼 디지털 가상화와 매끄러움의 망막예술이 지닌 탈-현실성의 문제를 니체와 한병철의 시선으로 분석해봄으로써 초연결시대 디지털 가상화가 수반할 수 있는 병리적 현

---

2 디지털 인류의 정체성을 드러내는 용어로서 포노 사피엔스Phone Sapiens를 들 수 있다 (최재붕, 《포노 사피엔스》, 샘앤파커스, 2019, 8쪽). 이 용어는 2015년 2월 영국 경제주간지 《이코노미스트The Economist》가 "지난 2007년 1월 선보인 스마트폰이 세상을 바꿔 놓아 지금은 스마트폰 없이 살기 어려운 '포노 사피엔스' 시대가 됐다"고 평가하면서 사용된 용어로서, 국내에서는 2019년 최재붕이 《포노 사피엔스》에서 자신이 사용해 왔던 '스마트 신인류Neo-Smart-Human'를 대신할 용어로 차용하였다. 필자는 이 용어를 문맥에 따라서 디지털 시대의 디지털 인간이라는 일반적인 의미로 사용할 것이다(김선희, 〈디지털 인류인 포노 사피엔스와 디지털 인류인 호모 사피엔스 사이 정체성에 대한 니체의 분석〉, 《니체연구》 제38집, 2020년, 199~226쪽 참조).

3 주영민, 《가상은 현실이다》, 어크로스, 2019.

4 한병철, 《아름다움의 구원》, 이재영 옮김, 김영사, 2017.

5 한병철, 《땅의 예찬》, 안인희 옮김, 문학과지성사, 2018.

상에 대한 예방적 담론의 철학적 단초를 마련해 보려 한다.

인간과 현실의 언어화와 디지털 가상화에 있어서 전도와 역-전도 현상

가상화된 도시가 보여 주는 것은 실재가 스스로에 대한 주권을 포기함과 동시에, 주권을 가상에 양도하는 것이다. 도시의 물리적 생활을 이제 가상의 질서가 통제한다. 도시의 의회나 정부는 지극히 부분적인 의사 결정을 대리할 뿐, 도시가 설계되고 작동하는 근간은 도시의 운영 체계Operating System에 의해 사전에 규정된다. 감시는 인간이 아닌 기계가 수행하고, 처벌은 자동화된다. 의사 결정은 토론의 비효율성을 제고한 알고리즘에 의해 대체된다.[6]

이와 같은 21세기의 디지털 가상과 실재의 전도를 드러내는 19세기 버전은《도덕의 계보》에서 니체가 주목한 언어die Sprache와 실재의 전도다. 언어와 실재 사이의 관계 전도는 삶의 도덕화이자 언어화다. 그리고 그것의 전도 방법으로서 기억술Mnemotechnik[7] 등이 계보학적 고찰에서 예리하게 폭로된 바 있다. 니체가 그의 사상에서

....

6 주영민,《가상은 현실이다》, 41쪽.

7 프리드리히 니체,《도덕의 계보》, 김정현 옮김, 책세상, 2002, 399~400쪽 참조.

환기하고 있는 언어와 개념 기반의 이론적 인간der theoretische Mensch[8]의 정체성은 과잉-사색하는 삶hyper-vita contemplativa과 연동되어 있다.[9] 이는 생각하는 인류 호모 사피엔스의 닮은꼴인 디지털 인류의 정체성을 가늠하게 한다. 서구에서 기원적 5세기경부터 본격화되기 시작한 지식이나 정보에 대한 관심과 더불어 이를 현실화할 수 있는 도구, 즉 이성에 대한 초미의 관심[10]을 우리는 오늘날에도 여전히 확인할 수 있다.[11] 그리고 그 결과로 얻게 되는 현실과 언어의 전도된 역할의 19세기적 버전은 니체가《도덕의 계보》에서 기억술에 의해서 우리의 정체성이 형성되는 과정을 논의한 후에 맞이하게 되는 것, 즉 인간의 정체성의 유래에 해당되는 도

....

8 프리드리히 니체,《비극의 탄생》, 이진우 옮김, 책세상, 2005, 115~116쪽. 소크라테스라는 주인공을 통해 펼쳐지는 플라톤의 대화편에서 구현되는 플라톤의 소크라테스주의는 논증과 반증을 통한 지식의 획득을 목적으로 하는 '이론적 인간'이라는 새로운 인간 유형의 탄생을 고지한다. 이는 전통 형이상학에 의해 추방되어 왔던 가상세계의 대척자이지만, 니체의 사유에 따르면 플라톤의 이론적 인간에 의한 이론이나 지식의 근저에 있는 이데아계 역시 자신이 부정한 가상세계에 속한다. 이와 관련된 구체적인 논의는 김선희, 〈니체에 있어서 디오니소스적 예술가와 삶의 실천〉,《니체연구》제13집, 2008, 182~185쪽 참조.

9 김선희, 〈피로회복과 '사색적 삶, 활동적 삶 그리고 예술적 삶'의 치료적 관계: 호메로스, 한병철, 니체를 중심으로〉,《니체연구》제35집, 2019, 145~158쪽 참조.

10 서구지성사의 출발에서 시각에 대한 우위성 부여와 더불어 지知와의 연관성에 대한 논의는 주은우,《시각과 현대성》, 한나래, 2006, 147~157쪽 참조.

11 유발 하라리Yuval Harari도 이와 같은 현상을 '데이터교'라는 장에서 주목하고 있다. 그는 우주의 흐름이 데이터의 흐름으로 이루어져 있으며, 어떤 현상이나 실체의 가치가 데이터 처리에 기여하는 바에 따라 결정된다고 말하는 데이터교를 주목한다. 나아가 이 데이터교가 획기적인 기술과 막대한 힘을 정치인, 사업가 심지어 보통의 소비자들에게 제공하고 있음을 주목한다. 유발 하라리,《호모 데우스: 미래의 역사》, 김명주 옮김, 김영사, 2017, 503쪽 참조.

덕적 과거사로서 상형문자Hieroglyphenschrift[12] 전체를 고지할 때 드러난다. 실재를 추상화하는 매체인 문자를 계보학적으로 분석할 때, 현실을 지배한 문자의 기원, 문자 중의 문자인 도덕의 기원이 드러난다. 주지하다시피 니체가 아래와 같이 언어의 정체를 주목할 때, 우리를 지배하고 있는 것, 즉 우리의 정체성과 우리 삶의 유래die Herrkunft가 폭로된다.

이름을 부여하는 지배권은 멀리까지 미쳐서, 언어 자체의 기원을 지배자의 권력을 표현하는 것으로 간주하도록 허용해야만 하는 정도까지 이른다: 그들은 '이것은 이러이러하다'고 말한다. 그들은 모든 사물과 사건을 한 마디 소리로 봉인하고, 말하자면 이러한 행위를 통해 그것을 점유해 버린다.[13]

21세기 디지털 정체성의 유래를 성찰하기 위하여 19세기 니체의 계보학적 성찰의 핵심적 방법과 내용의 중요성에 대한 환기가 필요하다. 인간의 정체성을 형성하는 19세기 유형의 아날로그 데이터는 도덕Moral이다. 도덕에 대한 계보학적[14] 환기는 현실에서 인간

----

12 프리드리히 니체, 《도덕의 계보》, 346쪽.
13 프리드리히 니체, 《도덕의 계보》, 354쪽.
14 니체에게 계보학die Geneologie이라는 용어는 1877년 파울 레Paul Rée의 《도덕적 감정의 기원Der Ursprung der moralischen Empfindungen》에 대한 1887년 그의 논박서 《도덕의 계보Zur Genealogie der Moral》에서 도덕적 개념들의 기원과 유래 그리고 발생을 다루면서 사용한 개념이다. 이 용어는 니체 사후에 포스트모더니즘이나 젠더 스터디Gender Studien에서 전통 형이상학이나 모더니즘의 패러다임을 비판하는 주요 방법론

의 삶이 언어화되는 유래, 나아가 현실적 삶과 세계의 언어화나 도덕화와 더불어 그 근저에서 작동하는 이론화의 발생die Entstehung에 대한 니체의 검토에서 드러난다. 이로써 전통 형이상학의 개념적 세계와 기독교의 도덕적 세계가 수반하는 역기능이 드러난다.[15] 생각하는 인류인 호모 사피엔스가 생각을 통해 강화해 나가는 개념화는 현실 세계의 추상화를 통한 개념 세계로의 전환을 예인한다. 이와 같은 세계의 개념화는 단지 플라톤적 추상화나 이데아화로 그치지 않는다.

앎에의 의지와 권력에의 의지의 상관성은 현실을 추상화한 지식이나 언어가 역으로 현실을 다시 구성함으로써 현실을 역-지배하는 역-전도 현상을 수반한다. 이로써 현실과 언어 사이에서 이루어지는 양자 간의 뫼비우스 띠 관계도 역-뫼비우스띠의 관계로 변형될 수 있음이 드러난다. 이와 같은 19세기의 전도적 현상의 토대인 권력의 중앙화는 21세기 초연결시대에도 역력히 나타난다.

지금까지 거의 모든 소프트웨어는 기업과 국가에 의해 개발되었다. 이러한 소프트웨어는 모두 중앙화된 시스템이다. 모든 제한 권한은 중앙이 갖고 있으며, 중앙을 통해 모든 데이터가 처리된

적 개념으로 사용된다.

15 이러한 현상에 대한 고찰은 니체의 중·후기 저작인 《도덕의 계보》 못지않게 그의 초기 저작인 《비극의 탄생》에 대한 1886년 추가된 서문에서도 분명하게 드러나 있다. 이는 니체의 전체 사유에서 이와 같은 화두의 중요성을 나타낸다. 프리드리히 니체, 《비극의 탄생》, 17쪽 참조.

디지털 가상화의 매끄러움과 탈-현실화에 대한 철학적 분석 |

다. 더 많은 데이터가 중앙에 축적될수록, 중앙은 더 많은 권력을 갖는다. 인공지능은 이러한 중앙화 소프트웨어의 대표 사례다. (중략) 인공지능은 인공지능을 소유한 기업과 국가에게 막대한 권력을 가져오지만, 그를 가지지 못한 기업과 국가, 개인을 약화시킨다. 인공지능은 집중시키고 중앙화시키는 힘이다. (중략) 인공지능과 권위주의는 중앙화 시스템이라는 점에서 서로 맞닿아 있다.[16]

이와 같은 역-전도 현상은 코로나19로 인하여 가속화되고 초집중화되고 있는 세계의 디지털화의 결과다. 디지털화를 특징짓는 '가상의 현실화'는 단지 초연결시대의 빅데이터나 인공지능, 클라우드 등을 기반으로 하는 21세기만의 고유 현상이 아니라 학문의 등장과 더불어 시작된 긴 여정의 가속화이자 초집중화다. 주영민이 《가상은 현실이다》에서 구글이 캐나다 정부와 함께 토론토 키사이드Quayside 지역에서 개발하는 스마트시티 프로젝트나 구글의 사이드워크랩 프로젝트를 실재-세계 가상화Real World Virtualization가 가장 극단적인 규모로 진행되는 예시로 제시할 때,[17]

---

16 주영민, 《가상은 현실이다》, 325~326쪽. 주영민은 중앙화와 대비되는 가상 기술로서 비트코인, 즉 전 지구적 영향력을 가진 소프트웨어 중 최초로 기업이나 국가가 개발하지 않은 소프트웨어인 가상화폐를 제시하고 있다(주영민, 《가상은 현실이다》, 325~332쪽 참조).

17 주영민, 《가상은 현실이다》, 40쪽. 저자에 따르면, 사이드워크랩은 소프트웨어처럼 작동하는 도시를 목표로 한다. 도시의 모든 기반 망은 인터넷으로 연결되고 수백만 개의 센서가 교통, 환경, 범죄 등 도시의 각종 상태를 실시간으로 측정한다. 시민의 삶은 이를 바탕으로 효율적으로 제공된다는 것이다. 도시 전역에 공공 와이파이보다 빠른 초고속 인터넷이 마치 전기나 수도와 같은 기본 설비로 제공될 것이며, 거주민들은 이 도시에서 콘텐츠부터 헬스 케어까지 다양한 생활 소프트웨어를 누릴 수 있을 것이다. 그러나 저자

그가 경계하는 것도 가상과 현실 사이의 역-뫼비우스적 관계가 수반하는 역-수직화다.

실제-세계 가상화로 인간은 더 편리한 생활을 누릴 수 있을 것이다. 그러나 편리는 가상이 실재를 집어삼키기 위한 미끼일 뿐이다.[18]

실재와 가상의 21세기적 역수직화의 원형에 대한 19세기 니체의 주목은 서구 지성사의 기나긴 가상과 현실의 수직적 관계 속에서 드러난다. 소위 진리라는 명목 하에 작동하는 지식, 이론, 도덕, 말과 삶 간에 관계의 수직화나 역-수직화가 작동한다. 오늘날 디지털 문명이 가속화되면서 도래할 디지털 인류의 삶은 그 근본에 있어서 19세기의 전^{pre}-디지털 인류의 삶과 뿌리 깊은 공통분모를 공유하고 있음이 드러난다.

현실과 가상, 인간과 봇의 역-전도화의 정체

니체가 《비극의 탄생》에서 주목한 실레노스의 염세주의[19]는 고대

는 이에 대한 대가로서 거주민들은 자신의 개인정보를 도시에 제공해야 하며, 이들이 제공한 모든 정보는 24시간 도시-소프트웨어와 각종 기능을 최적화하는 데이터로 활용될 것임을 환기시킨다.

18 주영민, 《가상은 현실이다》, 41쪽.

19 인간에게 최상의 것이 무엇인지를 묻는 미다스왕의 물음에 대한 답변으로서 실레노스가 제시한 것은 인간에게 최상의 것은 존재하지 않는 것이고, 차선은 곧장 죽는 것이다.

그리스의 실존적 공포뿐만 아니라 19세기 유럽의 허무주의라는 공포로 다시 출몰하였으며, 21세기 전 지구적 현상인 코로나 쇼크와 더불어 디지털 쇼크 속에도 잠재해 있다. 왜냐하면 이들은 공히 지知 · 정보 · 데이터의 생산과 유통이라는 공통분모를 지니고 있으며, 나아가 현실에서 추출된 지식이나 정보가 역으로 현실을 지배함으로써 현실과 정보 사이의 염세주의적 역수직 현상을 수반하기 때문이다.

현실과 정보 사이의 역전도 현상은 인간과 로봇 사이에서도 일어나고 있다. 디지털 자아가 거주하는 인터넷 세계를 지배하는 것을 '봇Bot'으로 보는 주영민에 따르면, 로봇은 이미 인간과 공존하고 있을 뿐만 아니라 둘을 구분하는 것이 갈수록 어려워지고 있다.[20] 즉, 인터넷 공간에서 마주치는 존재의 절반 이상이 웹상의 특정 작업을 자동화된 방식으로 처리하는 프로그램 로봇임이 고지된다.[21] 특히 우리 일상이 되어 버린 소셜미디어 봇은 과거에는 스팸 발송 · 광고 클릭 · 티켓 예매 · 음악 재생 같은 단순한 노동봇의 기능에 머물렀으나 최근에는 이를 넘어선 더 복잡한 업무, 예컨대 누군가의 팔로워가 되고, 그의 의견을 지지하거나 공유하고, 자기 의견을 덧붙여 확산하는 행동, 즉 가짜 영향력을 생산해

이러한 실레노스의 입장은 인간의 삶에 대한 염세주의적 패러다임을 제시한다(프리드리히 니체, 《비극의 탄생》, 41쪽). 니체는 고대 그리스의 비극을 통해 이와 같은 염세적 세계관의 역전을 시도하였다.

20 주영민, 《가상은 현실이다》, 101쪽 참조.

21 주영민, 《가상은 현실이다》, 103쪽 참조.

내는 임무를 수행한다.[22] 가짜 팔로워가 되어 가짜 '좋아요'와 가짜 영향력을 웹의 곳곳에 전파하는 이러한 봇을 운영하며 클라이언트의 가짜 영향력을 웹에 전파하는 소셜 봇 에이전시는 이미 대규모 산업이 되고 있다.[23] 이는 주지하다시피 19세기에 니체가 주목했던 더 강한 자가 더 약한 자를 지배하는 수단이었던 '언어'가 오히려 주인이 되는 역-전도 현상의 21세기 버전이라 할 수 있다.[24] 이로써 디지털 꼭두각시가 디지털 주인으로 이행해 가는 역전도적 주체로서 봇의 위상이 예고된다.

이와 같은 사실은 디지털 문명이 기반하고 있는 디지털 매체가 지니는 정보 가상성의 조작 가능성과 더불어 현실과 연동되어 있는 디지털 세계의 존재론적 지평의 조작 가능성을 드러낸다. 뿐만

----

22 주영민, 《가상은 현실이다》, 105쪽 참조.

23 주영민, 《가상은 현실이다》, 105쪽. 주영민에 따르면 업체마다 차이는 있지만 팔로원 봇의 평균 가격은 1달러에 100개 수준, '좋아요' 봇은 1달러에 200개 수준이라고 한다. 이는 100달러만 있으면 누구나 소셜미디어에서 권위 있는 사람처럼 주장할 수 있음을 환기시킨다(주영민, 《가상은 현실이다》, 106쪽 참조).

24 마셜 매클루언Marshall McLuhan은 1964년에 처음 출간된 그의 주저 《미디어의 이해: 인간의 확장》(Marshall McLuhan, *Understanding Media: The Extension of Man*(Critical Edition, Gingko Press, 2003)을 통하여 그 어떤 종류의 확장도 정신적, 사회적 구조 전체에 영향을 미치기 때문"인 것으로 제시한다(마셜 매클루언, W. 테런스 고든 편집, 《미디어의 이해: 인간의 확장》, 김상호 옮김, 커뮤니케이션북스, 2020, 5~6쪽 참조). 여기서 한 걸음 더 나아가 미디어와 인간 사이의 상호관계에서 인간의 확장의 도구로서 미디어가 역으로 자신의 확장의 도구로서 인간을 확장하는 역전 현상을 그는 4장 '기계 장치 수집가: 마취된 사람Narcosis, 나르시스'에서 주목하고 있다(마셜 매클루언, 《미디어의 이해: 인간의 확장》, 96~97쪽 참조). 나아가 미디어와 인간의 밀착 관계는 미디어를 단지 메시지가 아닌 마사지로의 이해로 심화시킨다(마셜 매클루언·퀜틴 피오리, 《미디어는 맛사지다》(Marshall McLuhan·Quentin Fiore, *The Medium Is the Massage: An Inventory of Effects*, jerome Agel Random House, 1967), 김진홍 옮김, 커뮤니케이션북스, 2012, 26쪽 참조).

아니라 한 걸음 더 나아가 이에 수반되는 인식론적 난점들이 드러난다. 주영민이 '우리는 가상이 실재를 초월하는 시대에 살고 있다'고 주목할 때나,[25] 실재를 초월한 가상의 방식으로서 '합성-현실'[26]을 이야기할 때, 가상이 실재를 초월하여 만들어 가는 합성현실은 단지 디지털 시대, 그것도 코로나19로 인해 초-가속화되고 초-집중화된 21세기에 처음 등장한 것이라고 보기 어렵다.

이 합성현실은 이미 오래전부터 언어에 의해 지배되어 온 세계[27]이자 '그림이 사라질 정도로 표면이 닳아 버려 더 이상 동전이기보다는 그저 쇠붙이로만 여겨지는 동전'인[28] 소위 진리라는 아날로그 시대 우상의 산물이다. 디지털 가상현실이란 그렇게 이미 존재해 왔던 인류의 오래된 삶의 방식과 현실의 근저에 흐르는 앎에 대한 의지의 디지털 버전이다.[29] 니체가 이분법의 운명에 의하여 '가상'세계의 쌍생아일 수밖에 없는 '참된' 세계라는 관념의 탄생 이후에 마침내 저 이분법의 한 축인 소위 '참된' 세계의 소멸과 함

---

25 주영민, 《가상은 현실이다》, 61쪽.

26 주영민, 《가상은 현실이다》, 27쪽 참조.

27 프리드리히 니체, 《도덕의 계보》, 355쪽 참조.

28 프리드리히 니체, 〈비도덕적 의미에서의 진리와 거짓에 관하여〉, 《유고(1870~1873)》, 이진우 옮김, 책세상, 2001, 450쪽 참조.

29 대표적인 SNS 중 하나인 페이스북으로 인한 심리적 문제들을 고찰한 플로레스Suzana E. Flores는 페이스북으로 인한 문제 중 핵심을 '무엇이 현실이고 무엇이 가상인지 분별하지 못해 혼란을 느끼는 것'이라고 한다(수재나 E. 플로레스, 《페이스북 심리학》, 안진희 옮김, 한울아카데미, 2015, 27쪽 참조). 이는 디지털 가상세계라는 명칭도 우리가 '가상'이라는 존재론적 인식을 하기 전에는 우리에게 '참된' 세계로 간주되거나 우리를 혼란 속에 빠지게 하는 것임을 보여 준다.

께 소위 '가상'세계도 소멸됨을 고지할 때, 니체에 있어서 참과 거짓이라는 이분법이 구축한 임의적 세계의 쌍생아적 운명이 가장 날카롭게 제시된다.[30]

> 우리는 참된 세계를 없애 버렸다 : 어떤 세계가 남는가? 아마도 가상세계? … 천만에! 참된 세계와 함께 우리는 가상의 세계도 없애 버린 것이다!
>
> (정오 ; 그림자가 가장 짧은 순간 ; 가장 길었던 오류의 끝 ; 인류의 정점 ; 차라투스트라의 등장.)[31]

여전히 전통 형이상학의 세례를 받은 실재 세계가 주장될 때, 니체는 이 실재 세계 자체의 가상성조차 고발한 바 있다. 즉, 플라톤 자신이 부정한 저 현실, 이로 인한 현실의 가상세계화에 상응하여 니체가 플라톤 자신이 긍정한 이데아 세계의 가상성을 폭로할 때, 저 역설적 현상이 드러난다. 그리고 이로써 수반된 현상으로서 세계의 언어화에 의한 최초의 역전, 즉 현실 세계에 대한 개념 세계의 전도와 더불어 시작되는 역전도 현상으로서 저 개념 세계 자체의 가상성을 니체는 예리하게 포착한다. 디지털 세계가 현실 세계를 역전하듯 언어 세계가 실재 세계를 역전한 순간에 일어

----

30 프리드리히 니체, 《우상의 황혼》, 백승영 옮김, 책세상, 2005, 103~104쪽 참조. 그는 《우상의 황혼》의 〈어떻게 '참된' 세계가 결국 꾸며 낸 이야기가 되어 버렸는지〉에서 여섯 단계의 '어떤 오류의 역사'를 통해서 이를 드러낸다.

31 프리드리히 니체, 《우상의 황혼》, 104쪽 참조.

나는 것은 언어나 개념에 의한 사물의 지배로 일컬어질 수 있는 가상의 시대이자 이 가상의 시대[32]를 지속시키는 수단으로서 언어의 주체화이자 인간의 객체화다.[33]

이와 같은 현실의 존재론적 전도와 역-전도를 관통하는 복제, 즉 가상에 의한 현실의 복제 범위는 어떠할까? 우리의 일상생활과 더불어 경제, 문화, 금융 등이 21세기 복제의 영역임은 자명한 사실이다. 그렇다면 그와 같은 복제의 전신의 범위는 어떠할까? 주영민이 '지난 세기 예술이 대량으로 복제되었던 것처럼 이번 세기에는 인간이 복제되고 있다'[34]고 하지만 과연 지난 세기에는 단지 예술만 복제되었고 인간은 복제로부터 자유로웠는가? 니체가 선취하듯이 도덕이나 규범에 의한 인간의 사고와 정서와 행위의 범위를 규정하던 언어에 의해 인간의 가치관은 재단되고 복제되어 왔다. 이러한 역전 현상은 다양성과 이질성 대신에 동일성과

---

32 유발 하라리는 현생 인류인 사피엔스에 있어서 뇌의 확장과 근육의 쇠퇴로 인하여 근육에 쓸 에너지를 뉴런에 투입했음을 주목한 바 있다. 나아가 뇌 중심적인 활동을 하는 사피엔스가 생존을 위하여 언어를 통해 정보를 받아들이고 저장할 뿐만 아니라 언어를 통해 '허구를 말할 수 있는 능력', 나아가 '가상의 실재를 창조하는 능력'을 확장해 가는 현상을 주목한 바 있다(유발 하라리, 《사피엔스: 유인원에서 사이보그까지, 인간 역사의 대담하고 위대한 질문》, 조현욱 옮김, 이태수 감수, 김영사, 2015, 48쪽 참조). 김선희, 〈디지털 인류 포노 사피엔스와 생각하는 인류 호모 사피엔스 사이 인간의 정체성에 대한 니체적 분석: 플라톤의 슈퍼-도펠갱어로서 인공지능의 난점〉, 《니체연구》 제38집, 2020, 210~214쪽 참조.

33 언어, 특히 규범의 주체화가 수반하는 현상으로서 존재와 세계의 무화가 초래하는 인간의 삶의 익명화, 타자화, 무인칭화 등에 대한 연구로는 김선희, 〈니체의 니힐리즘 사상을 통해 본 〈센과 치히로의 행방불명〉 속 존재와 세계의 무화에 대한 분석〉, 《니체연구》 제31집, 2017, 29~69쪽 참조.

34 주영민, 《가상은 현실이다》, 8쪽.

획일화를 수반해 왔다. 이처럼 인간의 복제는 지난 세기, 그리고 서구 지성사를 관통한 현상이었다. 니체가 우리의 정체성을 알아내기 위해《도덕의 계보》에서 인간 정체성의 유래와 발생에 대해 계보학적 물음을 던졌듯이, 가상화 혁명에 노출되어 있는 인류는 디지털 가상성의 정체에 물음을 던져야 한다.

역전된 현실의 디지털 가상화의 정체성으로서 매끄러운 망막[35] 세계의 한계

현실의 복제로서 가상이 오히려 현실의 원본으로 전도되는 존재론적 역-전도는 코로나19로 인하여 강화되는 비대면 일상의 온라인화에서도 드러난다. 그것은 바로 현실감의 위기다.[36] 디지털 세계의 강화에 비례하여 상실되어 가는 것은 아날로그 세계, 아날로그 인간, 아날로그 삶이다. 이미 한병철이《땅의 예찬》에서 예찬한 정원조차 디지털 디바이스에 의해 너무 쉽게 디지털 가상의 영

----

35 망막에 대한 본격적인 화두는 회화의 망막주의에 반기를 든 1920년대 초 뒤샹Marcel Duchamp에 의해서 제기되었다. 그는 자신의 예술을 반-망막주의anti-retinal로 천명하고, 이를 시각성에 깃든 신체성과 욕망의 가시적 차원으로 불러냄으로써 기존 모더니즘의 시각 중심 체계에 대한 공격을 감행하고 있다. 비록 그가 시각 기반의 망막적인 것에 대한 반대로서 '개념적인 것'을 내세우고 있지만, 이때 주의해야 할 것은 개념적인 것의 의미가 전통형이상학에서 사용하고 있는 의미가 아니라는 점이다(이진실,〈반(反)망막적 예술로서 뒤샹의 '정밀 광학'에서 나타나는 '시각적 무의식'〉,《현대미술학 논문집》21(2), 2017, 32쪽 참조).

36 한병철,《땅의 예찬》, 안인희 옮김, 김영사, 2018, 22쪽.

역으로 송출된다. 디지털 가상세계가 추구하는 욕망의 지향성으로 한병철이 《아름다움의 구원》에서 제시한 것은 '매끄러움das Glatt'이다.[37] 오프라인 속 사물들이나 대상과 달리 온라인 속 사물들은 모두 매끄럽고 반짝거린다. 이는 온라인 세계의 무대인 매끄러운 모니터의 윈도우가 선사하는 매끄러움에서 기원한다. 디지털 사물의 컬러는 갈수록 선명해지고 디지털 사물의 표면은 갈수록 매끄러워진다. 이와 같은 디지털 가상이 지향하는 매끄러움은 18세기 영국의 경험론적 미학자 에드먼드 버크Edmund Burke가《숭고와 아름다움의 기원에 대한 철학적 탐구A Philosophical Enquiry into the Origin of our Ideas of the Sublime and Beautiful》3장에서 독일어의 'Glatt'(매끄러움)에 해당하는 영어 번역어인 'smoothness'(부드러움)를 아름다움의 본질로 제시하면서 이에 대한 경험적 근거를 다음과 같이 제시할 때 감지할 수 있을 것이다.

아름다운 대상 속에서 언제나 관찰될 수 있는 성질은 **부드러움**이다. 이 성질은 아름다움에 매우 본질적인 것이어서 부드럽지 않으면서 아름다운 사물을 본 기억이 전혀 떠오르질 않는다. (중략) 어떤 아름다운 대상을 취해서 그 표면을 울퉁불퉁하게 만들어 보라. 다른 점에서는 아무리 좋은 형태를 지니고 있다 해도 더 이상 즐거움을 주지 않을 것이다. 반대로 아름다움의 다른 구성 요소들이 아무리 많이 결여된다 할지라도 부드러움이 있다면 다른 모든

---

37 한병철, 《아름다움의 구원》, 이재영 옮김, 문학과지성사, 2015, 9~23쪽 참조.

것이 있고 부드러움이 없는 경우보다는 훨씬 많은 즐거움을 선사할 것이다. (중략) 실제로 어떤 사물이 울퉁불퉁하거나 갑자기 한 부분이 튀어나와 있거나 각이 날카로운 부분이 있으면 아름다움과는 정반대 성질을 갖는다.[38]

버크는 아름다운 대상 속에서 늘 관찰할 수 있는 성질로서 부드러움을 강조한다. 부드럽지 않으면 아름답지 않다. 따라서 울퉁불퉁한 것은 아름답지 않다. 아름다움의 다른 구성 요소들이 아무리 많이 결여되었다고 하더라도 부드러움이 있다면, 그 반대의 경우보다 훨씬 많은 즐거움을 선사할 것이라고 한다. 따라서 버크에게 있어 울퉁불퉁함, 튀어나옴, 날카로운 각 등은 아름다움과 정반대되는 성질에 해당된다.

이와 같이 에드먼드 버크가 제시한 아름다움은 부드러움인 까닭에 아름다움은 촉각적이다. 이러한 아름다움의 촉각성은 디지털 가상세계 속에서는 더 이상 촉각 자체로 존재하지 않으며 시각화된 촉각으로 존재한다. 촉각의 시각화는 이미 에드먼드 버크에서도 예고되어 있다. 그 이유는 그가 아름다움의 성질로서 부드러움의 사례를 "나무나 꽃의 경우에는 부드러운 잎사귀가 아름답다.

---

38 에드먼드 버크, 《숭고와 아름다움의 관념의 기원에 대한 철학적 탐구》, 김동훈 옮김, 마티, 2019, 182~183쪽. 그러나 여기서 우리가 주의해야 할 것은 에드먼드 버크가 이와 같은 부드러운 아름다움과 다른 미학의 독자적 영역으로서 '숭고the Sublime'도 주목하고 있다는 사실이다. 이러한 사실은 그의 저서 제목에서 아름다움의 관념이거나 아름다움의 관념만이 아니라 숭고의 관념과 아름다움의 관념을 탐구의 대상으로 제시된 점을 통해서도 분명히 드러난다.

정원은 부드러운 경사가 아름답고 들판을 부드럽게 흐르는 물길이 아름답다. 새나 짐승의 부드러운 가죽이 아름답고 멋진 여성의 부드러운 피부가 아름다우며 여러 종류의 장식용 가구들의 부드럽고 윤기 나는 표면이 아름답다"[39]고 문자로 열거하고 이것을 우리가 눈으로 읽을 때, 실은 순수한 촉각적 경험이라기보다는 문자로 시각화된 텍스트에 의해서 전달되는 촉각성이기 때문이다.

시각과 연동된 촉각성의 디지털적 해석은 한병철이 제프 쿤스 Jeff Koons의 조형물들(벌룬독ballon dog), 아이폰과 브라질리언 왁싱을 연결해 주는 매끄러움을 현재의 징표로 읽을 때[40] 다시 드러난다. 나아가 촉각적 시각성은 과거도 미래도 존재하지 않는 현재에 충실한, 엄밀히 보자면 무시간성을 특징으로 하는 디지털 세계의 초시간적 특징으로 해석될 수 있다. 그곳의 사진이나 동영상 속 존재들은 삭제되지 않는 한 밀랍인형처럼 늙지도 않고 낡지도 않는다. 늘 동일한 촉각적 시각성이자 시각적 촉각성으로 존속한다.

이와 같은 매끄러운 존재들을 지배하는 것은 매끄러움이 지니는 미적 효과와 더불어 사회 전반적인 명령의 반영이다.[41] 긍정사회가 체현하는 것으로 한병철이 상정한 매끄러움의 약속은 상처를 입히지 않는 것이다. 한병철은 《아름다움의 구원》 첫 장인 〈매끄러움〉에서[42] 상처를 입히지 않는 이유를 저항의 부재로 제시한

---

39 에드먼드 버크, 《숭고와 아름다움의 관념의 기원에 대한 철학적 탐구》, 182쪽.
40 한병철, 《아름다움의 구원》, 9쪽 참조.
41 한병철, 《아름다움의 구원》, 9쪽 참조.
42 한병철, 《아름다움의 구원》, 9~23쪽 참조.

다. 디지털 세계에는 저항 대신 '좋아요'가 선호된다. 매끄러운 곳에서는 반대자가 환영받지 못한다. 따라서 부정성은 제거되기 시작한다. 그에 따르면, 매끄러움에 대한 추구는 온라인 세계뿐만 아니라 온라인 세계의 몸체인 스마트폰에서도 마찬가지다. 스마트폰들은 매끄러워지기 위하여 자신의 몸에서 날카로운 모서리를 제거할 뿐만 아니라 표면의 매끄러움을 유지하기 위하여 긁힌 흔적을 제거하는 불가침의 피부를 통하여 매끄러움을 보장하고자 한다. 나아가 스마트폰의 형태도 굴곡을 통하여 피부에 최대한 무저항적으로 밀착하게 만들고자 한다. 심지어 디지털 장치들로 이루어지는 소통도 매끄러움을 지향하는, 이렇게 매끄럽게 해 주는 도구가 셰어링이자 '좋아요'라는 것이다. 이로써 제거되는 것은 부정적인 것들이고 얻게 되는 것은 소통의 가속화다.[43]

이러한 현상을 한병철은 매끄러움의 미학의 본질적 특징들로 제시한다. 이러한 매끄러움에 대한 지향 현상은 디지털 공간에서뿐만 아니라 현실 세계에서도 주목되는데, 이를 한병철은 다시 제프 쿤스의 예술작품을 통해서 환기시킨다.

어떤 재앙도, 상처도, 깨어짐이나 갈라짐도, 심지어 봉합도 없다. 모든 것이 부드럽고 매끄럽게 이어진다. 모든 것이 완벽하게 다듬어지고 연마된 것, 매끄러운 것으로 느껴진다.[44]

43 한병철, 《아름다움의 구원》, 9~10쪽 참조.
44 한병철, 《아름다움의 구원》, 11쪽.

그는 매끄러운 표면과 이 표면의 직접적인 작용을 제프 쿤스 예술의 핵심으로 주목하면서 이러한 예술을 '좋아요의 예술'로 규정한다. 한병철은 제프 쿤스가 그 자신의 작품을 보는 관찰자가 그저 '와!'라는 말만 내뱉기를 바란다는 대목을 주시한다. 그러나 한병철은 제프 쿤스의 예술이 의도적으로 유아적이고 평범하며, 흔들림 없이 평온하고, 우리를 이완시키고 편안하게 해 주는 반면,[45] 관찰자에게 충격을 주거나 상처를 입히거나 전율을 느끼게 하는 것을 부정하는 경향을 주시한다. 이로써 얻게 되는 제프 쿤스의 예술이란 오로지 '아름다움Schönheit'과 '기쁨Freude'과 '소통Kommunikation'일 뿐이라는 것이다.[46] 이와 같은 한병철의 해석이 제프 쿤스의 예술 세계에 대한 일면적 해석이든 아니면 제프 쿤스의 예술 자체가 오히려 그러한 문화를 그대로 드러내고 있든 간에, 분명한 사실은 우리 시대의 매끄러움에 대한 지향 현상이다.

그렇다면 이와 같은 매끄러움의 예술이 우리에게 주는 것과 앗아가는 것은 무엇일까? 한병철에 따르면, 그것은 우리에게 만족을 주는 대신에 '저항이라는 부정성die Negativität des Gegen'을 앗아 간다. 나아가 디지털 초연결시대 소통의 초고속화 현상이란 다름 아닌 저항의 부정성을 대가로 지불하고 얻은 동일성이다.[47] 디지털 시대 매끄러움의 긍정성은 정보와 소통이라는 자본의 순환을 가

---

45 한병철, 《아름다움의 구원》, 11쪽.
46 한병철, 《아름다움의 구원》, 12쪽 참조.
47 한병철, 《아름다움의 구원》, 23쪽 참조.

속화하는 데 기여한다. 결과적으로 이와 같은 디지털 미에 의해 추방되어 가는 것은 비동일적인 것das Nichtidentische이다.[48] 인간은 부단히 자기동일성으로 환원됨으로써 자폐적인 세계에 더 촘촘히 갇히게 된다. 이와 같은 자기동일적인 디지털 세계란 망막화된ver-netzte Welt 세계다. 망막화 현상은 '인간과 인간, 인간과 사물, 사물과 사물이 마치 거미줄처럼 촘촘하게 네트워크로 연결된 사회인 초연결사회' 개념에서 주목한 '거미줄처럼 촘촘하게 네트워크로 연결된'이라는 의미 영역을 상기시킨다.[49]

디지털화된 세계는 말하자면 인간이 자신의 망막으로 뒤덮은 세계다. 인간이 펼쳐 놓은 막에 에워싸인 세계는 영구적인 자기 반사로 이끈다. 막이 더 촘촘해질수록 세계는 타자로부터, 바깥으로부터 더 철저하게 단절된다. 디지털화된 망막은 세계를 영사막과

---

48 한병철, 《아름다움의 구원》, 44쪽. 2015년 《아름다움의 구원》(Byung-Chul Han, *Die Errettung des Schönen*, S. Fischer Verlag GmbH, Frankfurt am Main, 2015)이 출간되고 그 이듬해 출간된 《타자의 추방》(Byung-Chul Han, *Die Austreibung des Anderen: Gesellschaft, Wahrnehmung und Kommunikation heute*, S. Fischer Verlag GmbH, Frankfurt am Main, 2016)에서 비동일적인 것, 타자에 대한 좀 더 구체적인 논의가 다루어진다. 그는 《타자의 추방》 첫 장을 '같은 것의 테러'라는 제목으로 시작한다. 나아가 첫 장 첫 문장을 **타자**가 존재하던 시대는 지나갔다"는 선언으로 시작한다. 그는 '타자의 부정성'이 '같은 것의 긍정성'에 의해 밀려나는 시대적 현상을 예리하게 포착해 나간다(한병철, 《타자의 추방》, 이재영 옮김, 문학과지성사, 2017, 7쪽). 나아가 '자신에 의해 맞아죽거나 질식당하는' 우울한 성과주체의 동일성의 폭력 또한 디지털 사회의 특징으로 드러난다. 한병철은 "전면적인 디지털 네트워크와 소통은 타자와의 만남을 쉽게 해 주지 않는다"(한병철, 《타자의 추방》, 10쪽)고 고지하면서 "오늘날 네트워크는 모든 다름, 모든 낯섦이 제거된 특별한 공명 공간으로, 메아리의 방으로 변하고 있다"고 비판한다(한병철, 《타자의 추방》, 10쪽).

49 고삼석, 《5G 초연결사회: 완전히 새로운 미래가 온다》, 25쪽 참조.

디지털 가상화의 매끄러움과 탈-현실화에 대한 철학적 분석 |

통제 화면으로 바꾸어 놓는다. 이 자기애적 시각의 공간, 이 디지털화된 내면성 속에서는 어떤 놀라움도 느낄 수 없다. 인간은 오직 자기 자신에 만족을 느낄 뿐이다.[50]

한병철은 디지털화된 세계를 영구적인 자기 반사로서 '인간이 자신의 망막으로 뒤덮은 세계ver-netzte Welt'로 표현하고 있다. 망막Netzhaut의 망Netz과 인터넷Internet의 망Netz의 언어적 유희를 통하여 디지털화의 존재론적 구조를 망막화로 보는 한병철의 시선은 매우 흥미롭다.[51] 안구의 가장 안쪽에 있으면서 시신경이 분포되어 있는 투명하고 얇은 막인 망막이 디지털 주체의 요새다. 오감 중에서 외계 빛의 자극에 반응하는 시각기관은 눈이지만, 실제로 빛을 느끼는 유일한 곳인 망막이 모니터 화면으로 비유된다. 망막 중심의 시각, 시각 중심의 디지털 세계는 자기 자신을 망막화함으로써 인간의 다른 인식기관을 유명무실하게 한다. 청각, 후각, 미

----

50 한병철, 《아름다움의 구원》, 44쪽.

51 니체 또한 눈에 대해서 논하고 있다. 그는 자신의 미학에 도입했던 '아폴론적'-'디오니소스적'이라는 대립 개념에서 아폴론적인 것을 무엇보다도 눈을 자극시켜 환영을 보는 능력을 얻게 하는 것으로 파악한다. 그는 환영을 보는 자들의 전형을 화가, 조각가, 서사시인으로 제시한다. 이와 같은 시각적 예술인 아폴론적 미학과 반대로 디오니소스적 상태에서는 격정의 체계 전체가 자극되고 고조되는 것으로 제시된다. 나아가 디오니소스적 인간은 격정의 어떤 신호도 간과하지 않으며, 그가 최고 단계의 전달 기술을 갖고 있듯이, 이해하고 알아차리는 데서도 최고 단계의 본능을 가지고 있다. 그는 모든 피부와 모든 격정의 내부로 들어감으로써 자기 자신을 계속해서 변모시키는 것이다. 이처럼 아폴론적 망막 인간에 대비되는 탈-망막적일뿐 아니라 망막인 것까지를 포함하는 초-망막적인 인간을 우리는 니체의 디오니소스적 인간을 통해 선취할 수 있다(프리드리히 니체, 《우상의 황혼》, 149~150쪽 참조).

각, 촉각과 같은 다른 감각들은 시각적 이미지에 종속된다. 저 '자기애적 시각의 공간autoerotischen Sehraum'으로서 디지털화된 내면성 속에서 이질적 감각이나 인식기관과 그것의 경험은 배제된다. 이로써 시각의 확장과 다른 감각의 절단화가 역-전도의 내적 기제로 자리하게 된다.

미에의 욕망과 고통의 기피에 대한 성찰

아름다움의 미학은 근대의 독특한 현상이다. 근대 미학에서야 비로소 미와 숭고가 분리된다. 미는 그 순수한 긍정성 속에 갇힌다. 강력해지는 근대의 자아는 미를 만족의 대상으로 긍정화한다. 이 과정에서 미는 숭고에 대립하게 된다. 숭고는 그 부정성으로 인해 처음에는 직접적 만족을 주지 않는다. 미와 구별되는 숭고의 부정성은 숭고가 인간의 이성으로 환원되는 순간 다시 긍정성으로 바뀐다. 이로써 숭고는 이제 **바깥**이 **전적인** 타자가 아니라 주체의 **내면적** 표현 형식이 된다.[52]

아름다움의 미학을 근대의 독특한 현상으로 평가하는 한병철의 해석이 주목하는 것 중 하나가 미학에서 미와 숭고의 분열과 미의 지배적 현상이다. 미의 중심 가치로서 자기만족이 수반하는 긍정

---

52 한병철, 《아름다움의 구원》, 29쪽.

화 현상은 미의 대척자로서 숭고의 부정성이 자신이 줄 수 없는 만족과의 충돌로 인하여 이성에 의해 긍정성으로 환원되는 현상을 수반한다. 이와 같이 숭고조차 동질화시킨 미의 자기동일화 현상은 숭고조차 더 이상 바깥의 전적인 타자가 아니라 주체의 내면적 표현 형식으로 축소시킨다. 근대에 분리되었으나 통합되고 단일화된 미das Schöne는 오늘날 디지털 세계 속에서 더 강화되는 데 반해, 숭고das Erhabene는 더욱더 미로 동일화된다. 이와 같이 숭고가 아닌 미에 대한 욕망으로 넘쳐나는 디지털 미das Digitalschöne와 대립되는 것으로서 한병철이 주목하는 것은 '자연미das Naturschöne'다.

> 자연미는 언제나 자기애적인 성질을 갖고 있는 단순한 만족을 주지 않는다. 오로지 **고통**만이 자연미에 접근할 수 있다. 고통은 주체를 자기애적인 내면성으로부터 떼어 낸다. 고통은 완전히 다른 **타자**가 그것을 통해 자신을 알리는 **균열**이다.[53]

자연미는 동질성이 아니라 타자성에, 매끄러움이 아니라 고통 der Schmerz에 귀의한다. 만족에 안주하지 않는 자연미의 고통은 그 자신 균열, 즉 완전히 다른 타자가 자신을 알리는 매개다. 그리하여 주체는 동일성의 자기애적인 자폐성을 과감하게 깨고 나가는 자연미를 통해 고통에 대한 기피가 지향하는 매끄러움에서 떨어져 나온다.

---

53 한병철, 《아름다움의 구원》, 42쪽.

디지털 미는 자연미에 대립한다. 디지털 미에서는 타자의 부정성이 완전히 제거되어 있다. 그래서 그것은 전적으로 매끄럽다. (중략) 디지털 미는 어떠한 낯섦도, 어떠한 **비동일성도** 허용하지 않는, **동일한 것의 매끄러운 공간을 형성한다.**[54]

한병철이 매끄러움의 미학에서 미를 은신처로, 나아가 미에 본질적인 것으로 은폐를 고지할 때,[55] 이는 니체가 동시대 분석을 위한 단초로서 제시한 고대 그리스 문화 분석과 뚜렷한 접점을 드러낸다. 니체는 '미에 대한 감수성'과 이에 대비되는 '고통에 대한 감수성' 간의 상관성을 주목한 바 있다. 나아가 이와 같은 양자의 원인이 드러난다.[56] 이는 니체가 "고통에 대한 그리스인의 관계, 그의 감수성의 정도"[57]를 물음에 붙일 때 시작되어, 그가 고통에 대한 감수성의 '전도' 현상을 포착할 때 명시적으로 드러난다. 그가 고통에 대한 감수성의 전도된 현상으로 제시하는 것은 바로 '미에 대한 욕망'으로서, 이를 니체는 고대 그리스인의 '축제, 오락, 새로운 의식에 대한 욕망'에서 발견한다.[58] 니체가 미에 대한 욕망의 원인을 '결핍, 궁핍, 침울, 고통'으로 제시할 때,[59] 우리는 21세기

---

54 한병철, 《아름다움의 구원》, 44쪽.

55 한병철, 《아름다움의 구원》, 46쪽.

56 김선희, 〈염세주의와의 새로운 관계 방식으로서 니체의 아티케 비극 분석: 강함의 염세주의와 약함의 염세주의〉, 《니체연구》 제39집, 2021, 17~20쪽 참조.

57 프리드리히 니체, 《우상의 황혼》, 14쪽.

58 프리드리히 니체, 《우상의 황혼》, 14쪽.

59 프리드리히 니체, 《우상의 황혼》, 14쪽.

미에 대한 욕망의 상징과도 같은 매끄러움에 대한 욕망이 몰락, 퇴폐, 변질, 지치고 허약한 본능의 기호일 수 있음을 예감한다. 이처럼 아름다운 것에 대한 욕망으로서 매끄러움에 대한 욕망의 19세기 에피스테메Episteme의 대척점에 위치한 또 다른 욕망을 니체는 제시한다. 그것은 바로 21세기에 결핍된 부정의 미학의 19세기 버전으로서 '추한 것에 대한 욕망'이다.

— 시간상으로 그 이전에 나타났던 정반대의 욕망, 즉 추한 것에 대한 욕망, 염세주의, 비극적 신화, 현존재의 밑바탕에 놓여 있는 모든 무서운 것, 악한 것, 불가사의한 것, 파괴적인 것, 운명적인 것의 표상에 대한 고대 그리스인의 엄격한 의지는 도대체 어디서 유래하는가?[60]

니체가 우리에게 제시한 추에 대한 욕망[61]이 미에 대한 욕망으로 전도되는 현상은 고통에 대한 감수성의 소멸을 의미한다. 이처럼 고대 그리스인들 중에서도 전기 그리스인들이 지녔던 고통에 대한 감수성을 소멸시키고, 그 자리에 미의 감수성을 대신하게 한 그리스인은 후기 그리스인임을 니체는 명시한 바 있다.[62] 추에 대한 기

---

60 프리드리히 니체, 《우상의 황혼》, 14~15쪽.

61 추를 비극 합창에서 사티로스와 접목하여 그로테스크의 관점에서 해석한 연구로는 김석원, 〈빅토르 위고의 '그로테스크'와 니체의 '비극'연구〉, 《디지털융복합연구》 제17권 제2호, 한국디지털정책학회, 2019, 368~370쪽 참조.

62 니체가 '염세주의, 비극적 신화, 현존재'의 밑바탕에 놓여 있는 것으로 제시한 '모든 무서운 것, 악한 것, 불가사의 한 것, 파괴적인 것, 운명적인 것의 표상'은 전기 그리스인에게

피 현상을 고찰해 보기 위해서 니체의 주목을 좀 더 살펴보자.

어느 것도 아름답지 않다. 인간 외에: 모든 미학은 이런 단순함에 기초하고 있으며, 이것이야말로 미학의 제1진리이다. 여기에 곧바로 제2의 진리를 추가해 보자: 퇴락한 인간보다 더 추한 것은 없다―이렇게 해서 미적 판단 영역의 경계가 지어진다. ― 생리적으로 고찰해 보면 추한 모든 것은 인간을 약화시키고 슬프게 한다. 그것은 인간에게 쇠퇴, 위험, 무력을 상기시킨다; 이러면서 인간은 실제로 힘을 상실한다. (중략) 대체로 인간이 풀 죽고 우울해질 때, 그는 '추한 것'이 근접해 있다는 사실을 눈치 챈다. 힘에 대한 그의 느낌, 그의 힘에의 의지, 그의 용기, 그의 긍지―이런 것이 추한 것과 함께 사라지며, 아름다움과 함께 상승한다….[63]

이로써 우리는 미에 대한 욕망의 쌍생아라고 할 수 있을 추에 대한 기피의 근원을 드러내는 퇴락과 추함의 상관성과 동시에 힘에의 의지와 아름다움의 생리적 상관성이 인간의 미적 판단의 경계에 행사하는 영향력을 확인할 수 있다. 동물들이 본능적으로 자신의 상처를 숨기려고 하듯이 인간이 자신의 퇴락을 은폐하기 위

있었던 고통에 대한 감수성의 대상이다. 이는 니체의 비극의 근원으로 자리하게 된 디오니소스적인 것과 그리스인의 고통에 대한 감수성의 정체를 밝히는 것이자 디오니소스적인 것과 비극적인 것을 관통하는 염세주의의 아티케 비극에서의 위상을 확인하는 것이다(김선희, 〈염세주의와의 새로운 관계 방식으로서 니체의 아티케 비극 분석: 강함의 염세주의와 약함의 염세주의〉, 17~20쪽 참조).

63 프리드리히 니체, 《우상의 황혼》, 158쪽.

한 본능적인 기술은 자신을 아름다움으로 위장하는 것이다. 퇴화의 상징으로서 추함을 피하고자 하는 것은 추함에 대한 자기혐오나 타자혐오를 수반할 것이며, 이는 역으로 아름다움에 대한 갈망을 강화할 것이다.

추함은 퇴화의 상징이자 징후로 이해된다: 아주 어렴풋이라도 퇴화를 상기시키는 것은 우리 안에 '추하다'는 판단을 불러일으킨다. 소진 · 고난 · 연로 · 피곤의 모든 징표, 경련이든 마비든 모든 종류의 부자유, 특히 해체와 부패의 냄새와 색깔과 형식들, 이것들이 끝까지 희석되어 상징이 되었다 하더라도 ─이 모든 것은 동일한 반작용을 불러일으킨다. 즉 '추하다'는 가치판단을 말이다. 이때 특정의 증오심이 돌출한다: 이때 인간이 증오하는 것은 무엇인가? 의심할 여지 없이: 자기 유형의 쇠퇴.[64]

디지털 가상세계에서 현실의 삶에 대한 부정으로서 추함의 추방

미에 대한 긍정적 감수성과 고통에 대한 부정적 감수성[65]은 이상

---

64 프리드리히 니체, 《우상의 황혼》, 158쪽 참조.

65 고통뿐만 아니라 불편의 기피에 대한 실존철학적 논의는 다음을 참조하라: 이광래·김선희·이기원, 《마음, 철학으로 치료한다: 철학치료학 시론》, 知와사랑, 2011, 218~223쪽.

적인 것에 대한 긍정과 현실적인 것에 대한 부정과 연동되어 있다. 현실 세계나 현실의 자신에 대한 혐오나 부정은 현실 세계나 자신에 대한 염세주의적 관점과 연동되어 있다. 이와 같은 삶에 대한 기피나 혐오 나아가 저주는 삶의 저편, 초-현실이나 이상계에 대한 욕망, 나아가 아름다움이나 완전함에 대한 욕망을 강화한다.[66] 이는 또한 매끄러움에의 욕망을 강화한다. 니체는 인간의 삶을 별 가치 없는 것으로 평가절하한 플라톤적 전통 형이상학이나 이와 연동된 기독교적 세계관이 수반하는 이데아계나 이상계에 대한 지향을 신랄하게 비판한다.

어느 시대에서든 최고의 현자들은 삶에 대해 똑같은 판단을 내렸다: 삶은 별 가치가 없다고… (중략) —회의와 우울 가득한, 삶에 완전히 지쳐 버리고 삶에 대한 저항이 가득한 소리를, 심지어는 소크라테스마저도 죽으면서 말했다: "삶—이것은 오랫동안 병들어 있었다는 것을 의미한다네 나는 구원자 아스클레피오스에게 닭 한 마리를 빚졌다네." 소크라테스조차도 삶에 넌더리를 내고 있었

66 대표적인 추의 미학자로 꼽을 수 있는 카를 로젠클란츠Johann Karl Friedrich Rosenkranz가 1853년 출간된 《추의 미학》에서 '추'를 '형태 없음(무형, 비대칭, 부조화), 부정확성(보편적 의미에서의 부정확성, 특수한 양식에서의 부정확성, 개별 예술에서의 부정확성), 형태의 파괴 혹은 기형화(천박함, 역겨움, 캐리커처)'로 제시하면서(카를 로젠크란츠, 《추의 미학》, 조경식 옮김, 나남, 2008) 보여 주고자 한 것은 "어떻게 추가 미를 실제로 전제하고 있으며, 미를 어떻게 왜곡시켰는지, 그리고 어떻게 숭고함 대신에 비열함을, 만족 대신에 역겨움을, 이상 대신에 풍자를 생산해 내는지"였음을 밝히는 것이다. 이와 같은 추에 대한 그의 패러다임은 아쉽게도 추를 미와 코믹 사이의 중간자로서 파악하고 있음에도 불구하고 추를 단지 '불쾌하고 혐오스러운 대상'으로 보는 그의 굴절된 시선을 잘 드러낸다. 카를 로젠크란츠, 《추의 미학》, 10~11쪽 참조.

던 것이다. — 이것은 무엇을 입증하는가? 무엇을 보여 주는가? — 이전에 사람들은 말했을 수도 있으리라(—오오, 그들은 실제로 그렇게 말했다. 충분히 큰 소리로, 우리의 염세주의자들이 앞장서서!) "그런 말에는 무언가 옳은 점이 있을 수밖에 없다! (중략) — 오늘날의 우리도 여전히 그렇게 말할까? 우리가 그래도 되는가? 우리의 대답은 이렇다— "그런 말에는 무언가 병들어 있지 않으면 안 된다": 당대의 그런 최고 현자들, 이들을 먼저 가까이 살펴보아야 한다! 그들은 몽땅 더 이상 제대로 서지 못하는 자들은 아니었을까?[67]

삶을 병으로 간주하고 죽음을 치료제로 간주하는 이와 같은 플라톤적 사유는 근본적으로 현세적인 삶에 대한 부정이자 저주 이외에 다른 것이 아니다. 그리고 가장 병들어 있는 존재는, 니체가 지적하듯이 바로 이와 같은 세계관을 지니고 있는 자들이다. 현실에 대한 이와 같은 병리적 염세주의에 대비되는 세계관으로 니체가 주목하는 것은 우리 인간의 삶이 지니고 있는 수없이 많은 추한 것이다. 그런 삶에 대한 체념이 아니라 찬양이며, 이를 실천한 이들이 바로 고대 그리스의 비극 예술가들이다.

예술은 삶의 위대한 자극제이다: 그런데 어떻게 그것이 목적이 없다거나, 목표가 없다거나, 예술을 위한 예술이라고 이해할 수 있단 말인가?—남아 있는 한 가지 물음: 예술을 삶의 수없이 많은

....
67 프리드리히 니체, 《우상의 황혼》, 87~88쪽.

추한 것, 강한 것, 의문시되는 것도 드러나는 것 아닌가? ─그리고 실제로 예술에 이런 식의 의미를 부여했던 철학자들이 있었다: 쇼펜하우어는 '의지로부터의 해방'을 예술의 총체적 의도라고 가르쳤고, '체념시키는 것'을 비극이 갖는 중요한 유용성이라며 경외했다. ─그런데 이것은─; 우리는 예술가 자신들에게 호소해 보지 않으면 안 된다. "비극적 예술가는 자신의 무엇을 전달하는가? 그가 보여 주는 것은 다름 아닌 끔찍한 것과 의문스러운 것 앞에서의 **공포 없는 상태**가 아닌가? (중략) 이런 **승리**의 상태가 바로 비극적 예술가가 선택하는 상태이며, 그가 찬미하는 상태이다. 비극 앞에서 우리 영혼 내부의 전사가 자신의 사티로스의 제의祭儀를 거행한다. 고통에 익숙한 자, 고통을 찾는 자, **영웅적인 인간**은 비극과 더불어 자신의 존재를 찬양한다─오직 그에게만 비극 시인은 그런 가장 달콤한 잔혹의 술을 권한다─[68]

삶의 추함으로부터의 도피나 부정 대신 이에 대한 대범한 긍정은 온갖 아름답고 화려한 이미지들로 채워진 우리 일상을 점유한 SNS 속 디지털 망막 세계의 정체성,[69] 심지어 아름다움과 더불어 그 극의

---

68 프리드리히 니체, 《우상의 황혼》, 162~163쪽.

69 이와 같은 현상이 가능할 수 있는 대표적인 경우는 디지털 미디어의 속성에 있다. 이는 디지털 사진의 열린 구조로 인해 피사체를 촬영한 사진가나 혹은 또 다른 작업자의 개입에 의해 메모리 카드에 저장되었던 재현 대상의 정보로부터 주관적인 변형과 왜곡의 가능성이 높고 선형적 시간의 파괴 역시 실행 가능한 범주에 들게 되었기에 가능하다(정규형 · 정진헌, 〈디지털미디어의 탈물질화에 기반한 감각의 확장에 관한 고찰(디지털카메라의 Raw 데이터를 중심으로)〉, *The Journal of Digital Policy & Management*, 2013 Oct; 11(10): 682쪽 참조.

추함조차도 소비에 맞는 매끄러운 형태로 윤색되는 디지털 세계로의 행로는 디지털 세계와 우리의 삶의 병리적 상관성을 드러낸다.

오늘날에는 아름다움뿐만 아니라 추醜도 매끄러워진다. 추 또한 악마적인 것, 섬뜩한 것 혹은 부정성을 잃어버리고 소비와 향유의 공식에 맞춰 매끄럽게 다듬어진다. 추는 공포와 경악을 불러일으키고 모든 것을 돌로 변화시키는 메두사의 시선을 완전히 상실했다.[70]

한병철이 바타유Georges Bataille를 통해 탈경계와 해방의 가능성을 추에서 찾을 때, 추는 공포와 더불어 탈경계 의식의 강화임이 확인된다. 이와 같은 추가 지니는 초월적이고 탈경계적 위상의 변형된 현상은 21세기 오락산업이 행하는 추와 역겨움의 착취다.[71] 소셜미디어와 클라우드 서버에 저장된 불멸적 망막 데이터에는 미에의 욕망에 의해 현실의 고통과 부조리가 강박적으로 정련되어 가장 멋진 모습으로 편집된 디지털 가상 공연들이 가득하다. 이 매끄러운 디지털 가상세계 속에서 추방된 우리의 추함, 외로움, 고통은 영원히 현실의 지하에 봉인된 채 숨죽이며 울부짖게 될 것이다. 그리고 디지털 가상세계에서 들리지도 보이지도 만져지지도 않는 현존재의 고통은 더 일그러진 얼굴로 더 강한 아름다움에의 욕망과 매끄러움을 악순환적으로 추구해 나갈 것이다.

---

70 한병철, 《아름다움의 구원》, 19쪽.
71 한병철, 《아름다움의 구원》, 19~20쪽 참조.

탈-매끄러움의 현실과 더불어

타자나 바깥으로부터 단절된 디지털 망막 세계가 제공하는 매끄러운 자기동일성의 미학, 이상적인 긍정의 미학 추구에는 리얼한 인간의 현실에 대한 수치심이나 혐오가 있다. 인간이 인간적인 모습을 부정하는 현상은 이상적인 신이나 영웅에 비교된 인간 자신의 왜소함에 대한 수치이자 혐오다. 이러한 현상은 인간이 아니라 신이나 영웅을, 인간이 살고 있는 현실이 아니라 이상계나 유토피아를 비교우위에 위치시킨 전통 형이상학의 뿌리 깊은 기억술의 흔적이다. 그러나 지금은 인간에 대한 인간의 새로운 이해가 필요한 때이다. 우리 속에 내면화된 기존의 인간관이나 세계관과 부딪칠 때다.

특히 **싸움**이 그렇다. 지나치게 내면화되고 지나치게 심오해져 버린 모든 정신이 했던 위대하고도 똑똑한 일이 바로 싸움이었다 : 상처 내부에도 치유력이 있는 법이니 말이다. 다음 격언은 오랫동안 내 좌우명이었는데, (중략)

상처에 의해 정신이 성장하고 새 힘이 솟는다(increscunt anima, virescit volnere virtus).[72]

지금은 매끄러움에 안주하기보다는 껄끄러움이 주는 상처를

---

72   프리드리히 니체, 《우상의 황혼》, 73쪽.

대담하게 끌어안을 때이자 탈-매끄러움의 미학을 실천할 때다. 너무 늦기 전에 우리의 인간적인 현실을, 우리의 인간적 정체성을 대담하게 긍정할 때다. 이를 실천하기 위해서는 현실과 가상, 진리와 거짓, 선과 악, 미와 추와 같은 존재론적·인식론적·윤리적·미적 차원에 있어서 이분법적 사고를 넘어서는 확장된 사유와 삶이 필요하다. 때로는 사물의 표피성에 과감하게 머무르면서도 때로는 사물의 깊이에 침잠할 수 있는 용기가 필요하다.[73] 마치 니체가 주목한 그리스인들이 표피, 주름, 피부에 용감하게 머물며 가상을 숭배하는 데서 그치지 않고 그것의 피상성이 깊이에서 나온 것임을 깨달았듯이 초연결시대를 살아가고 있는 디지털 가상세계 속 인류는 표피와 깊이의 뫼비우스적 양면성을 간파해야 할 것이다. 21세기 역-전도의 세계에서 좀 더 건강하고 행복하게 공존하려면 표피를 숭배하면서도 표피의 깊이적 기원을 환기할 수 있는 능력을 주목해야 할 것이다.

> 오, 그리스인들이여! 그들은 산다는 것이 무엇인지 알고 있었다. 살기 위해서는 표피, 주름, 피부에 용감하게 머물며 가상을 숭배하고 형태, 음, 말 등 가상의 올림포스 전체를 믿어야 할 필요가 있었다. 그리스인들은 피상적이었지만—그것은 깊이에서 나온 것이었다![74]

....

73 이선, 〈니체의 여성적 진리와 수치심〉, 《니체연구》 제39집, 2021, 164쪽 참조.
74 프리드리히 니체, 《즐거운 학문》, 안성찬 옮김, 책세상, 2018, 31쪽. 이선, 〈니체의 여성적 진리와 수치심〉, 164쪽 재인용.

참고문헌

곽영빈 · 신정원 외, 강원대 인문과학연구소 엮음, 《초연결시대 인간-미디어-문화》, 앨피, 2021.

김대호 · 김성철 외, 《인간, 초연결 사회를 살다》, 커뮤니케이션북스, 2015.

마셜 매클루언 · 퀜틴 피오리, 《미디어는 맛사지다》, 김진홍 옮김, 커뮤니케이션북스, 2012.

마셜 매클루언, W. 테런스 고든 편집, 《미디어의 이해: 인간의 확장》, 김상호 옮김, 커뮤니케이션북스, 2020.

메리 차이코, 《초연결사회》, 배현석 옮김, 한울아카데미, 2018.

수재나 E. 플로레스, 《페이스북 심리학》, 안진희 옮김, 한울아카데미, 2015.

유발 하라리, 《사피엔스: 유인원에서 사이보그까지, 인간 역사의 대담하고 위대한 질문》, 조현욱 옮김, 이태수 감수, 김영사, 2015.

_____, 《호모 데우스: 미래의 역사》, 김명주 옮김, 김영사, 2017.

이광래 · 김선희 · 이기원, 《마음, 철학으로 치료한다: 철학치료학 시론》, 知와사랑, 2011.

주영민, 《가상은 현실이다》, 어크로스, 2019.

최재붕, 《포노 사피엔스》, 샘앤파커스, 2019.

최재천 · 장하준 · 최재붕 외, 《코로나 사피엔스》, 인플루엔셜, 2020.

카를 로젠크란츠, 《추의 미학》, 조경식 옮김, 나남, 2008.

프리드리히 니체, 《도덕의 계보》, 김정현 옮김, 책세상, 2002.

_____, 《비극의 탄생》, 이진우 옮김, 책세상, 2005.

_____, 《차라투스트라는 이렇게 말했다》, 정동오 옮김, 책세상, 2018.

플라톤, 《국가》, 천병희 옮김, 도서출판 숲, 2013.

한병철, 《피로사회》, 김태환 옮김, 문학과지성사, 2012.

_____, 《땅의 예찬Lob der Erde》, 안인희 옮김, 김영사, 2018.

_____, 《타자의 추방》, 이재영 옮김, 문학과지성사, 2017.

김선희, 〈'작은 철학'의 짧은 삶과 '큰 철학'의 오래된 삶: 파르마콘으로서 플라톤의 다섯 가지 역설들〉,《철학탐구》제33집, 2013, 169~205.

_____, 〈'피로사회'에 나타난 주체들의 병리적 유형화와 치료적 접근: 미
메시스 개념과의 관계를 토대로〉,《철학연구》제107집, 2014, 173~200.

_____, 〈니체의 니힐리즘 사상을 통해 본 〈센과 치히로의 행방불명〉 속
존재와 세계의 무화에 대한 분석〉,《니체연구》제31집, 2017, 29~69.

_____, 〈피로회복과 '사색적 삶, 활동적 삶 그리고 예술적 삶'의 치료적
관계〉,《니체연구》제35집, 2019, 141~170.

_____, 〈디지털 인류 포노 사피엔스와 생각하는 인류 호모 사피엔스 사
이 인간의 정체성에 대한 니체적 분석: 플라톤의 슈퍼-도펠갱어로서 인
공지능의 난점〉,《니체연구》제38집, 2020, 199~226.

이선, 〈니체의 여성적 진리와 수치심〉,《니체연구》제39집, 2021, 143~172.

이진실, 〈반(反)망막적 예술로서 뒤샹의 '정밀 광학'에서 나타나는 '시각적
무의식'〉,《현대미술학 논문집》21(2), 2017, 31~50.

Byung-Chul Han, *Die Errettung des Schönen*, S. Fischer Verlag GmbH,
Frankfurt am Main, 2015.

Byung-Chul Han, *Die Austreibung des Anderen: Gesellschaft,
Wahrnehmung und Kommunikation heute*, S. Fischer Verlag GmbH,
Frankfurt am Main, 2016.

F. Nietzsche, *Also Sprach Zarathustra*, Sämtliche Werke, Kritische
Studienausgabe(KSA) Band1, hrsg., Giorgio Colli und Mazzino
Montiari, Berlin/New York: Deutsche Taschenbuch Verlag de
Gruyter, 1980.

F. Nietzsche, *Die Geburt der Tragödie*, KSA Band 1.

F. Nietzsche, *Zur Genealogie der Moral*, KSA Band 4.

호모 모빌리언스와 마주봄의 철학

김광연

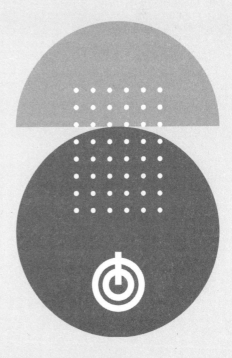

| 이 글은 《인문학연구》 47권(2021)에 게재된 원고를 수정하여 재수록한 것이다.　　|

초연결시대의 얼굴: 호모 모빌리언스와 비대면 사회

우리들은 얼굴을 마주하면서 나와 너의 관계에서 살아가는 메타
포metaphor를 형성하고 있다. 하지만 우리는 스마트폰과 기술혁명
의 결과들로 가득 찬 초연결시대에 익명의 다수와 함께하는 새로
운 소통 방식을 추구하는 동시에, 이러한 기술로 인해 소통의 변
화를 직간접적으로 경험하고 있다.

초연결시대에 등장한 호모 모빌리언스homo mobilians는 타인과의
거리두기에 익숙해져 있다. 뿐만 아니라 코로나19COVID 19로 인
해 우리는 불가피하게 사회 전 영역에서 거리두기를 실천하고 있
다. 비대면 업무와 교육을 통해 사람들과의 대면 접촉을 최소화하
면서 사람들은 각자의 공간에서 시간을 보내고, 개인 시간이 늘어
나면서 타자와의 관계는 더욱 소홀해졌다. 물론 우리는 바이러스
전파를 최소화하기 위해 방역지침을 철저히 준수해야 한다.

코로나로 인한 사회적 거리두기뿐만 아니라, 초연결시대 기술
혁명의 영향으로 우리의 소통 방식은 너무 많은 변화를 겪고 있
다. 다른 사람들과 어울려 만나는 것은 단순히 얼굴을 마주 보는
것을 넘어 철학적 함의를 가진다. 하지만 새로운 소통 방식과 대
면 사회의 변화는 불가피해 보인다.

호모 모빌리언스와 코로나의 만남은 타자와의 만남의 거리를
더욱 멀어지게 만들고 있다. 얼굴 없는 타자와의 소통과 코로나
시대 비대면 사회가 지속되는 가운데 우리는 마르틴 부버Martin
Buber를 떠올리게 된다. 그는 타자와의 직접적인 만남을 통해서 진

정한 '나'를 발견할 수 있다고 말한다.

이 글은 코로나 시대 비대면 시스템과 호모 모빌리언스의 만남에서 극에 달한 이질적 타자에 대해 논하며, 무엇보다 상대방의 얼굴을 마주 보는 것의 형이상학적 가치와 철학적 함의에 대해 이야기할 것이다.

스마트폰의 발달로 대다수 사람들은 초연결시대의 편리함에 익숙해져 있다. 하지만 스마트폰 사용으로 인해 우리들은 알게 모르게 삶의 소중한 가치들을 점점 잃어 가고 있다. 그중에서 특히 주목해야 할 것은 소통 방식의 변화이다. 과거 우리들은 서로 마주 보는 얼굴과 얼굴의 만남인 대면 소통 방식을 추구했으나, 오늘날에는 비대면 형식으로 익명의 다수와 실시간 소통하는 경험이 일상화되었다. 소통 방식의 변화가 대수롭지 않게 여겨질수 있지만, 그 변화는 얼굴을 보면서 이루어지는 소통의 부재 상황으로 이어지게 된다. 인간과 인간의 만남에서 얻을 수 있는 가치가 무엇이기에, 소통 방식에 따른 변화에 민감하게 반응해야 하는 것인가?

뿐만 아니라 코로나19로 인해 사회적 거리두기를 실천하면서 많은 사람들이 비대면 시스템에 익숙해졌다. 비대면 업무와 교육을 시작으로 사람들은 최소 시간으로 주어진 상황에서만 만남을 갖는다. 평소 알고 지내던 친구와 커피숍에서 이야기를 나누며 차한 잔 즐기는 시간도 줄어들었다. 지금 혹시 컴퓨터를 켜 놓고 그 앞에서 커피 한 잔을 마시면서 온라인으로 친구와 대화하고 있지 않은가? 타자와의 만남은 단순한 '마주봄' 이상의 철학적 함의를 가진다. 코로나 시대와 호모 모빌리언스의 만남은 타자와의 만남의 거리를 더욱 멀어지게 만들고 있다.

얼굴 없는 타자와의 소통이 지속되는 코로나 시대 비대면 사회에서, 부버는 우리에게 타자와의 만남을 통해서 진정한 '나'를 발견할 수 있다고 말한다. 부버에 따르면, SNS의 소통 방식인 비대면 만남은 얼굴을 마주 보는 만남과 같을 수 없다. 그는 얼굴을 마주하고 서로 인사말을 전하고 상대의 안부를 묻는 방식이 인간 존재의 근원이자 힘이라고 말한다.

이 글은 코로나 시대 비대면 시스템과 호모 모빌리언스의 만남이, 온라인이나 소셜 네트워크에서 경험하는 얼굴 없는 타자를 전면에 내세우고 있다는 것에 주목한다. 이 글은 독자에게 질문한다. 얼굴 없는 타자와의 소통이 갖는 한계는 무엇인가? 우리는 왜 서로 얼굴을 마주하면서 타자를 알아 가야 하는가? 온라인이 아닌 오프라인에서 얼굴을 마주 보는 것의 철학적 함의는 무엇인가?

호모 모빌리언스와 마주봄의 상실

호모 모빌리언스, 노마디즘, 초연결사회

현대사회를 일컬어 초스피드 시대라고 한다. 대다수 사람들은 스마트폰의 발달과 함께 SNS를 통해 정보를 교환하면서 실시간으로 사건과 뉴스를 접한다. 이러한 사회에서 가장 눈여겨 봐야 할 이슈를 꼽아 본다면 호모 모빌리언스, 초연결시대, 노마디즘 nomadism을 들 수 있다.

호모 모빌리언스는 다소 생소하지만 언뜻 봐도 인간의 모습을 지칭하는 말임을 알 수 있다. 호모homo와 모바일mobile의 합성어로 탄생한 호모 모빌리언스는, 말 그대로 각종 소셜 네트워크와 스마트폰 등 모바일을 자유롭게 이용하는 인간을 말한다.

호모 모빌리언스는 두 가지 특징을 가지고 있다. 우선 개인들 모두 스마트폰을 사용하면서 새로운 형태의 소통을 경험한다는 것이다. 그들은 스마트폰으로 다양한 정보와 백과전서적 지식, 초감각 능력을 소유할 수 있는 초인류이다. 다음으로 개인이 집단으로서의 인류로 재탄생하는 것이다. 개미 한 마리가 모여 개미 집단이 되듯, 한 생명체인 개인이 집단으로서 새로운 초인류를 만들어 갈 수 있다.[1] 스마트폰을 사용하는 개인은 마치 개미처럼 스스로는 한 개인이지만 군중을 이루면서 얼굴을 숨기고 스마트폰을 사용하는 타자로 변화되고 있다.

한편 현대인은 유목인들처럼 이곳저곳 유랑하면서 떠돌고 있다. 질 들뢰즈Gilles Deleuze는 《차이와 반복》에서 노마드nomad를 유목민으로 표현했는데, 현대의 노마드는 인터넷 등에서 정보를 찾아 여기저기 떠돌아다니는 것을 뜻하며, 이러한 새로운 형태의 인류는 '호모 노마드Homme Nomade'로 불린다. 생활 패턴의 놀라운 변화와 함께 인류는 스마트폰 안에서 이곳저곳을 누비며 여기저기로 이동한다. 인류는 점점 더 초연결시대 혁명에서 헤어나지 못하고 있다.

자크 아탈리Jacques Attali는 인간을 호모 에렉투스Homo Erectus, 즉

---

1 이민화, 《호모 모빌리언스》, 북콘서트, 2012, 14~15쪽.

직립보행하는 존재로서 호기심과 모험에 대한 욕구가 강하며 이로 인해 발걸음을 재촉해 여기저기 누비며 다니는 존재라고 보았다.[2] 호모 노마드라는 말이 자연스럽게 등장하게 되는 이유이다. 과거 유목민들의 특성이 현대 전문직들 사이에서도 나타나, 하나의 직장에 평생 머물지 않고 자주 직장을 옮겨 다니면서 자신의 삶을 추구하는 노마드가 등장하기 시작했다.[3]

노마디즘nomadism, 즉 유목주의는 새로운 삶을 찾아 떠나는 여행을 뜻하는 것 같지만 실제 해석은 좀 다르다. 이는 불모지를 버리고 떠나는 이주의 형태가 아니라, 오히려 그곳에 달라붙어 새로운 생성의 지대를 만들려는 사유의 흔적이다.[4] 오늘날 노마드는 다양한 용어로 사용되고 있다. 잡노마드job nomad는 국경을 넘나들면서 자신의 능력을 마음껏 펼치는 사람들을 일컫는다. 이들은 어느 한 곳에 정착하지 않고 생계를 위해 떠돌아다니면서 일한다.[5]

원래 노마드는 어느 한 곳에 정착된 형태로서 고정된 삶의 모습에 머물러 있지 않고 항상 새로운 타자를 찾아가는 것을 의미했다. 이와 달리 새로운 노마디즘은 어딘가 무작정 떠나는 유목인과 달리 정착된 형태의 변형된 모습을 보여 준다. 정처 없이 떠돌아다니면서 타자와 마주하는 인간의 존재론적 표현으로서의 노마디즘이

2 자크 아탈리, 《호모 노마드, 유목하는 인간》, 이효숙 옮김, 웅진닷컴, 2005, 50~51쪽.

3 최향섭, 《사회와 이론》, 한국이론사회학회, 2008, 167쪽.

4 이진경, 《노마디즘》, 휴머니스트, 2002. 이진경은 노마디즘에 대한 새로운 해석과 함께 호모 모빌리언스 시대 윤리적 성찰을 제시한다.

5 최향섭, 《사회와 이론》, 165쪽.

아닌 현대의 뉴노마디즘new nomdis이 구체화되고 있는 것이다.

현대인들에게 이 새로운 노마디즘은 매우 친숙한 환경으로 토양화되었다. 사람들은 손안에 들어 있는 스마트폰의 작은 공간에서 이곳저곳을 다니면서 유목 생활을 즐기고 있다. 일정한 장소에 머물러 있으면서 동시에 소셜미디어 공간에서 방황하며 떠돌아다니는 변형된 노마디즘을 경험하고 있다 그들의 시선은 한 곳에 머물러 있지만, 그렇다고 그들이 한 곳에 머물러 있는 것은 아니다. 그들은 소셜 노마드social nomad라고 해도 무방할 것이다.

그들은 타자와 지속적인 만남을 가지고 있는 것처럼 보이지만 대면을 통한 만남의 부재는 여전하다. 그들은 얼굴 없는 타자와 소통하면서 타자의 얼굴은 경험하지 못하고 있다. 그렇다면 우리는 타자를 동경하거나 타인과 함께 사는 사회에서 무언가를 만들어 가는 존재로서의 인간이 아닌 정착은 하고 있으나 타인과의 관계 상실을 가져오는 변형된 형태의 노마디즘을 어떻게 바라보아야 하는가?

오늘날 뉴노마디즘은 얼굴을 숨긴 타자와의 소통, 비대면 사회를 주도하고 있다. 이는 마주봄의 상실과 연결된다. 호모 모빌리언스, 노마디즘, 초연결사회에서 타자의 상실 그리고 노마디즘의 변형으로 인한 마주봄meeting(또는 대면 만남)의 상실에 따른 윤리적 문제는 무엇인가?

엄지족과 이질적 타자

호모 모빌리언스 세대에게 나타나는 윤리적 문제는 어제오늘의 일이 아니다. 호모 모빌리언스 세대는 주로 손에 든 작은 기계를 이용해서 소통하기 때문에 가족 간 대화의 단절과 소통 방식의 변화를 대수롭지 않게 받아들인다. 우리는 전화번호 등 일상적으로 기억해야 할 것을 메모하는 대신 스마트폰에 모두 저장하고, 이로 인해 뇌를 사용할 기회를 점점 잃어 가고 있다. 운전할 때도 내비게이션을 이용하다 보니 길을 찾는 과정에서 찾아갈 장소를 머릿속에 기억할 필요가 전혀 없게 되었다. 스마트폰과 SNS 등 소셜 미디어를 사용하면서 지나치게 기계에 의존하는 삶을 사는 현대인들의 스마트폰 중독과 의존도는 점점 심해지고 있다.

호모 모빌리언스 세대에게 스마트폰은 필수품이다. 이들 세대를 일컬어 엄지손가락만 과도하게 사용한다고 하여 '엄지족'이라고 한다. 실제로 일부 손가락만 과도하게 사용하면서 '방아쇠 수지 증후군'을 호소하는 이들이 점점 늘어나고 있다.[6]

호모 모빌리언스 세대는 인간(호모)의 색채를 지우고 기술의 가치와 그 기술의 탁월성에 더욱 의존하고 있다. 물론 기술의 정확도가 인간의 능력을 앞설 수도 있지만, 인간이 주체이고 기술이나 기계는 대상이나 도구로서 활용하는 객체가 되어야 함에도, 현대인에게 기술(기계)은 더 이상 객체가 아닌 주체가 되어 가고 있다.

한스 요나스Hans Jonas는 기계의 역습, 과학기술의 이중성에 대해 논하면서 '기술의 역설', 곧 편리하지만 오히려 그 편리함에 의존

---

6 방아쇠 수지 증후군은 손가락을 일부만 많이 사용할 때 나타날 수 있는 증상으로, 통증과 함께 손가락을 구부리고 펼 때 '딸깍' 소리가 나기도 한다. 〈스마트폰 달고 사는 엄지족, 방아쇠 수지 증후군 주의해야〉, 《MBN 뉴스》 2018년 1월 7일자.

한 나머지 기계 없이는 아무것도 할 수 없게 되었음을 경고한다. 그는 기술의 수혜에 대한 의존도가 커지면서 기술이 재앙으로 변질될 위험성을 고지하며, 과학기술을 쟁기에 비유한다. 쟁기를 자꾸 사용하다 보면 그 끝이 날카로워져 칼처럼 해가 될 수 있다는 것이다.[7]

우리는 기술의 편리함에 익숙해진 나머지 윤리적 성찰이나 반성 없이 스마트폰과 기술을 자유자재로 사용하고 있다. 그 기술에 대한 의존도가 높아질수록 우리는 적게 생각하고 적게 기억하는 존재가 되어 앞으로 두뇌 발달이 정지된 존재로 변해 갈지도 모르겠다. 인간 의식의 진화가 기술 발전과 함께 가야 하는데 과학기술은 인간 의식의 진화를 이끌어 가지 못하고 있다.[8]

이런 상황에서 코로나19로 인해 사람들이 집에 머무는 시간이 길어지고 스마트폰으로 소통하는 시간이 늘어나면서 그 부작용도 적지 않다. 회사에서는 업무나 회의가 이메일이나 화상(온라인)으로 대체되는 등, 코로나19 확산을 막기 위해 서로 얼굴을 마주보고 이야기하는 시간을 갖지 못하고 있다.[9] 코로나19 장기화로 외출이 제한되고 집에서 스마트폰을 사용하는 사람들이 늘어나면서 스마트폰 사용으로 백내장 증상을 호소하는 이들도 늘어나고 있다.[10]

7 한스 요나스, 《기술 의학 윤리》, 이유택 옮김, 솔출판사, 2005, 48~49쪽.

8 유성준, 《호모 컨시어스》, 해드림출판사, 2012, 42~43쪽.

9 송승선, 《호모 옴니쿠스》, 비욘드북스, 2020, 74~75쪽.

10 〈코로나19 장기화에 스마트폰 중독, 백내장주의보〉, 《이투데이》 2021년 2월 1일자.

호모 모빌리언스의 두 얼굴

코로나 시대 비대면 시스템이 모든 사회구조 속에 서서히 뿌리내리고 있다. 스마트폰 사용으로 이미 코로나 이전부터 비대면 시스템이 자리를 잡은 상황에서, 코로나로 인해 온라인쇼핑이나 SNS를 통한 소통 등 비대면 전환은 더더욱 불가피해졌다. 방역 준수, 사회적 거리두기 실천으로 비대면 사회는 더 이상 미룰 수 없는 의무가 되었다. 코로나19를 극복하려면 비대면 시스템의 의무를 준수해야 하는 어쩔 수 없는 상황 속에서, 마주 보기 또는 대면 소통의 방식은 코로나19의 사태 종식 뒤로 미루어질 수밖에 없었다.

비대면 수업 진행과 등교 횟수 감소는 아이들에게 또 다른 사회적 장애를 유발하고 있다. 운동장에서 마음껏 뛰어놀며 신체를 발달시켜야 하는 성장기에, 신체와 뇌의 발달 기회를 놓치고 있어서 성장에 문제가 발생할 수 있다는 우려가 제기되고 있다. 성장기 아이들의 뇌 발달에 다양한 자극이 필요하지만, 온라인 수업으로 인해 우울감이 지속되는 등 다양한 문제가 발생하고 있다.[11]

물론 비대면 시스템의 필요성이 강조된 코로나 시대에 호모 모빌리언스 세대의 모바일 사용이 어느 정도 기여한 바도 있다. 스마트폰을 통한 소통에 익숙한 세대는 비대면 시스템에 대한 별도의 적응 시간이 필요 없다. 이미 기계적 소통이 일상인 호모 모빌리언스에게 비대면 사회는 또 다른 패러다임의 변화를 느끼지 않아도 될 정도로 친숙한 것이었다. 이런 긍정적 측면에도 불구하고

11　고규경 외, 《코로나 사이언스》, 동아시아, 2020, 164~166쪽.

비대면 시스템과 소통 방식의 변화로 인해 여전히 사회적 우울감은 지속되고 있다.

많은 사람들이 비대면 사회를 일상으로 받아들이고 있지만, 이런 사회적 구조에서 우리가 놓치고 있는 것이 있다. 우리가 논의해야 할 마주봄의 철학적 가치가 무엇보다 소중하게 다가오는 시점이다. 비대면 또는 온라인에서의 만남과 소통에는 한계가 있고 대면 소통과는 여전히 차이가 있다.

온라인에서 마주하는 타자는 얼굴을 감추고 있다. 온라인에서 화상을 통해 얼굴을 접하기도 하지만 이는 지극히 제한적이다. 사람들은 얼마든지 자신을 숨기고 가면을 쓰고 온라인에 나타날 수 있다. 얼굴 없이 소통하는 이질적인 타자는 우리에게 어떤 존재론적 함의를 던지고 있을까? 또한 소통 방식의 변화, 타자와의 마주봄의 상실, 비대면 사회의 일상화에 따른 삶의 변화에서 마주봄의 철학이 주는 가치는 무엇인가?

우리는 스마트폰에서 무분별하게 등장하고 사라지는 무수한 타자들을 경험한다. 그들은 타자이지만 냉정하게 말해서 얼굴을 감추고 있는 타자이다. 우리는 그들의 얼굴을 알 수 없는 상태에서 소통하고 있다. 그러한 만남은 가면을 쓰고도 얼마든지 가능하다. 얼굴을 감추고 있는 그들은 주체 없는 대상에 가깝다. 개개인 모두가 스마트폰을 사용하면서 소통의 주체가 되지만, 동시에 모두 타자에게 얼굴을 감추는 또 다른 타자가 되는 것이다. 이러한 소통에서 우리가 경험하는 것은 무엇이고, 놓치고 있는 것은 무엇인가?

앞서 살펴본 어딘가에 정착은 하고 있지만 타인과의 접촉은 피하고 타자와의 상실을 일상적으로 받아들이는 새로운 노마디즘의 세계에서, SNS의 발달과 그로 인한 타인과의 만남 상실은 너무 당연한 것처럼 보인다.

우리는 이미 이웃이라는 단어를 사용할 때 SNS에서 만난 계정에서의 얼굴들을 떠올리고, 그들을 이웃이자 친구처럼 대하는 시대에 살고 있다. 페이스북이나 인스타그램에서 늘 동일한 계정을 가진 사람들의 얼굴을 보면서 그들과 친구가 되어 소통하고 있다. SNS에서 하나의 이웃과 공동체가 만들어진 것이다. 이러한 공동체는 얼굴을 감추고 있는 곳, 얼굴 없는 타자들로 무성한 공동체일 것이다. 실제로 SNS에서 본인 얼굴은 감추고 풍경 사진이나 동물 또는 만화 캐릭터 등의 사진으로 활동하는 사람들도 적지 않다. 이러한 온라인에서의 이질적인 타자와의 만남, 얼굴을 볼 수 없는 소셜 공동체에서의 소통 방식에서 마주봄의 철학적 함의와 타자에 대해 이야기해 보자.

마주봄의 철학과 나와 너의 존재론적 함의

소셜 타자social other: 얼굴 없는 나와 너

우리는 '만남'이라는 존재론적 삶을 타자와 공유한다. 코로나 시대에 만남 또는 마주봄의 철학적 함의는 그 어느 때보다 중요하게 다가온다. 코로나 시대 대다수의 사람들이 가장 힘들어한 것은 비대면 교육과 소통의 부재일 것이다. 특히 초중고 학생들과 대학생들이 비대면 수업을 진행하면서 많은 어려움을 겪었다. 단순히 비대면 수업을 진행하는 과정은 별 문제가 없어 보이지만, 다른 심각한 문제들이 속속 드러났다.

2021년 코로나로 인해 비대면 수업을 진행한 대학의 강의실은 여전히 비어 있고 캠퍼스도 방학처럼 차분하게 몇몇 학생들만 눈에 띄었다.[12] 학생들은 새 학기가 시작되면서 대면 수업이 아닌 온라인수업(영상이나 실시간 채팅)을 들었고, 이 과정에서 학생과 교사뿐만 아니라 학생들끼리도 얼굴을 마주 보지 않기 때문에 친목 도모는 전혀 불가능하다. 코로나19가 시작된 이후, 대학에서 비대면 온라인수업이 이어지면서 2020년 입학생과 2021년 입학생들은 동기의 얼굴도 모른 채 학창 시절을 보냈다.

코로나로 인해 비대면 시스템이 점점 고착화되는 상황에서, 얼굴을 마주 대하면서 타자와의 만남의 가치를 추구하고 그 속에서 소중한 인간미와 형이상학적 가치를 제시하는 마르틴 부버의 이야기에 귀를 기울이게 된다. 그는 서로의 직접적인 만남을 통해서만 참된 자아를 발견할 수 있다고 말한다. 부버는 "나(Ich)는 그 자체로서 존재할 수 없으며 오직 '나(Ich)-너(Du)'도 함께 말해진다"면서 '나-너'는 분리될 수 없는 '짝말'이라고 했다. 사람이라는 존재는 무엇을 생각하고, 무엇을 표상하고, 무엇을 느끼며, 나는 무엇을 생각하는 삶을 사는데 그것은 한데 어울려서 만들어 가는 것

---

12 〈코로나19 여파 대학들도 비대면 수업〉, 《이데일리 뉴스》 2021년, 3월 3일자.

이라고 했다.[13]

부버에 따르면, 인간 실존의 토대는 '사람과 사람man with man'에서 시작되고 다른 사람들과 함께 무언가가 발생되는 것에서 시작된다. 두 사람의 만남은 곧 대화dialogue로 이어지고, 대화의 영역은 서로 간의 실존을 이해하는 영역이 된다. 부버는 사람과 사람의 만남은 '하나됨'의 단초이고 결국 둘은 곧 무엇으로 인해 하나라는 의미를 만들어 간다고 했다.[14]

부버는 비대면 시대에 인간과의 만남에서 얻을 수 있는 존재론적 희망을 제시하고 있다. 그는 마주 서 있는 존재ein Gegenüber의 체험, 다시 말해 마주 서 있는 사람과 함께하는 삶에서 발생되는 관계의 상태, 그리고 타자와 만나 인사하는 과정에서 건네는 '안녕hello'이란 인사말이 갖는 존재론적 힘의 원천을 설명한다.[15] 단지 소셜미디어에서 인사말을 주고받는 것이 아니라, 얼굴을 '마주 보며' 서로 인사말을 건네는 것은 원초적인 삶의 근원이다. 코로나 시대 SNS 소통에서 이뤄지는 만남, 즉 얼굴 없는 타자와의 만남은 존재의 근원에서 멀어지고 있는 것이다. 부버는 얼굴을 마주 대하면서 서로 인사말을 전하고 안부를 묻는 방식은 인간 존재의 근원이자 힘이라고 말한다.

부버는 '나와 너'의 관계를 추상적인 것으로 해석하지 않고, '지

13　마르틴 부버, 《나와 너》, 표재명 옮김, 문예출판사, 2001, 8~9쪽.

14　Maurice S. Friedman, *Martin Buber: The Life of Dialogue*, New York: Chicago University Press, 1955, pp. 98-99.

15　마르틴 부버, 《나와 너》, 28~29쪽.

금 이 순간' 서로 만나는 것이야말로 '실제적 삶real living'이라고 보았다. 나와 너의 관계는 지금 이 순간 실제적인 것으로 채우는 것과 관련된다.[16] '나와 너' 관계의 완성은 상호적인 관계에서 시작되고, 나와 너는 마주봄에서만 가능하다. 나와 너는 '근접성 togetherness', 즉 가까이 다가서서 마주 볼 때 가능하다. 부버는 타자를 경험하는 과정을 어린아이의 경험으로 비유한다. 아이들은 자신의 세계 안에서 스스로를 찾는다. 이 과정에서 아이들은 보고, 듣고 만지며 그것을 형상화시켜 나간다.[17]

　하지만 초연결시대를 살아가는 호모 모빌리언스와 코로나 세대들은 이런 원초적 경험에서 점점 멀어지고 있다. 오히려 그들은 낯선 타자, 즉 얼굴 없이 스마트폰 공간에서 만날 수 있는 소셜 타자social other와 늘 접하고 있다. 부버는 우리에게 소셜 타자와의 관계는 실제적 삶과는 너무 동떨어진 소통 방식에 지나지 않는다고 말한다.

호모 모빌리언스: 가면을 쓴 얼굴

부버는 우리가 자신의 세계를 바라보고 듣고 만지고, 동시에 이를 형성해 가지 않으면 안 된다고 말한다. 그는 세계의 시작이 만남에서 그 모습을 드러낸다고 이야기한다. 그 어떤 것도 상대와 서로 마주 보고 상호작용하는 힘이 아니면 자신을 열어 보이지 않는

16　Maurice S. Friedman, *Martin Buber: The Life of Dialogue*, pp. 66-67.

17　Maurice S. Friedman, *Martin Buber: The Life of Dialogue*, pp. 68-70.

다는 것이다. 부버에 따르면, 우리는 늘 만남의 섬광과 그 반사광 사이에서 살고 있다.[18] 인간은 '너'에게 접함으로써 비로소 '나'가 된다. 마주 서 있는 타자는 나타났다가 사라진다. 관계는 순간 농축되지만 또다시 먼지처럼 사라지게 마련이다. 하지만 이런 지속적인 과정, 만남과 사라짐의 관계에서 언제나 동일한 '짝'에 대한 생각이나 '나'라는 의식이 형성된다.

부버는 '나'라는 의식이 강해지면 '나'와 '너'의 관계는 깨진다고 보았다.[19] 스마트폰이나 SNS 영역에서는 나의 주장이나 의식이 강하게 작용한다. 소셜 공동체에서 등장하는 일시적인 소통의 장場에서는 개인의 주장이나 나의 의식이 강하게 나타난다. 그곳은 개인의 의식이 강하게 작용하는 곳이기 때문에, '너'와 '나'의 지속적인 관계성은 쉽게 깨질 수 있고 제한적 지속성을 가질 수밖에 없다.

소셜 공동체에서의 만남은 '실제적 삶'을 만들어 갈 수 없고, 이런 상황이 지속될수록 삶의 진정성은 서서히 먼지처럼 사라질 수 있다. SNS 등 얼굴이 부재한 상태에서 이루어지는 소통은 진정한 삶이 아니라, 언젠가는 바람에 가볍게 날아갈 먼지와 같다. 이러한 소통은 오랫동안 지속될 수 없으며 진정성이 없는 것이다.

앞서 언급한 것처럼, 우리가 주목할 것은 코로나와 모빌리언스의 만남이다. 이 둘의 만남은 단순한 사건이 아니다. 코로나 시대 비대면 시스템 전환은 호모 모빌리언스와의 결속력을 더욱 강하

---

18 마르틴 부버, 《나와 너》, 39쪽.
19 마르틴 부버, 《나와 너》, 42쪽.

게 만들었다. 사회적 거리두기로 사람들은 이미 익숙해져 있는 SNS 소통과 비대면 결제 시스템, 온라인쇼핑 등 호모 모빌리언스의 모습을 더욱 강하게 드러냈다.

말 그대로 호모 모빌리언스들이 사회적 거리두기로 인해 물 만난 고기처럼 소셜 공동체에서 마음껏 헤엄쳐 다닐 수 있게 된 것이다. 이 상황에서 대면 만남의 사라짐은 당연시되고 타자의 부재 상황이 지속되게 된 것이다. 코로나와 호모 모빌리언스의 만남은 역설적이게도 사람과 사람의 만남을 단절시키는 결과로 이어졌다. 하나의 만남이 또 다른 만남의 연결 고리를 끊고 만 것이다. 이 둘의 만남은 '가면을 쓴 얼굴'을 무한정 만들어 내고 있다.

트랜스휴먼: 탈인간화, 인간-인간에서 인간-기계로

우리는 오늘날 호모 모빌리언스뿐만 아니라 트랜스휴먼transhuman 시대를 경험하고 있다. 4차 산업혁명과 더불어 트랜스휴먼의 등장은 호모 모빌리언스와 비대면 시스템을 더욱 가속화시키고 있다. 트랜스휴먼은 글자에 나타나듯 인간의 모습을 변화시키는 것으로서, 자연적인 존재를 초월한 슈퍼 인간super human을 구현하는 것을 말한다. 자연적인 진화의 방식을 거부하고 기술적이고 의학적인 방법을 이용해서 지금의 인간보다 더욱 뛰어난 신체적 능력을 향상하는 것을 뜻한다.[20]

트랜스휴머니즘은 인류에게 새로운 기대감을 주고 있다. 유전

---

20   홍성욱, 《포스트휴먼 오디세이》, 휴머니스트, 2019, 20~21쪽.

학과 로봇, 정보통신기술과 나노테크놀로지 등 다양한 영역에서 새로운 기술이 인류의 삶을 향상시킬 것이라는 기대감을 키우고 있다.[21] 이런 시대에 유목적 삶의 패턴은 너무 당연해 보인다. 트랜스휴먼의 특징인 원격 통신기술의 발달, 뇌-컴퓨터 인터페이스 등을 바탕으로 세계를 떠도는 유목적인 생활은 전통적인 제도와 가치를 거부하고 있다.[22]

앤디 클라크[A. Clark]는 트랜스휴먼의 변화 가운데 눈여겨 봐야 할 것은, 정신의 위치가 더 이상 두뇌에 한정되지 않고 기계에 내장되는 것이라고 말한다. 그에 따르면, 스마트폰은 우리 마음의 일부로, 과거 머리(두뇌)에 저장되어 있을 법한 전화번호와 일정이 이젠 스마트폰에 내장되어 신체의 일부로서 기억 저장소 역할을 하고 있다. 이는 '확장된 마음'으로서 기계화된 신체를 비유한다. 그는 이처럼 사람과의 연결 고리가 점점 줄어들고 이젠 [기계-사람]으로 대체되는 현상을 비판한다.[23]

우리는 이미 신체와 기계의 연결 고리를 통해 사람들과의 관계성이 점점 소멸되는 것을 경험하고 있다. 앞으로 '사람-사람'의 만남에서 비롯된 관계는 점점 소멸되고 '사람-기계'로 대체되는 시대에 인간의 관계성 소멸은 그야말로 극에 달할 것이다.

트랜스휴먼이 되는 것, 이는 인간에게는 무관심해지고 '탈인간

21　Melinda C. Hall, *The Bioethics of Enhancement: Transhumanism, Disablity, Biopolitics*, Maryland: Rowman&Littlefield, 2017, p. 10-11.

22　신상규, 《호모 사피엔스의 미래》, 아카넷, 2017, 106~107쪽.

23　신상규, 《호모 사피엔스의 미래》, 87~88쪽.

화'되는 형태를 의미한다. 고전적 형태의 휴머니즘, 즉 인간과 인간은 주체와 객체(타자)의 상호 이해에서 벗어나 새롭게 정의된 개별 주체로서 변화를 가져온다.[24] 트랜스휴먼 시대에 기계-인간의 상호 관계는 인간이 중심이었던 세계관에서 인간을 몰아내고 있다. 이 시대의 기술은 '인간중심주의를 넘어서beyond anthropocentrism' 전혀 새로운 가치관을 심고 있다.[25]

탈인간화의 형태는 크게 두 가지 사회현상으로 등장하고 있다. 먼저 탈인간화는 인간의 신체 변형에서 시작된다. 앞서 언급했듯, 인간의 신체가 〔기계-사람〕으로 대체되면서 탈신체화 내지는 기계화되는 몸이 나타나고 있다. 인간의 몸에 기계를 이식하는 과정에서 생겨나는 삶의 존재 양식은 앞으로 더욱 많은 변화를 가져올 것이다. 다음으로 인간의 기계 의존도가 높아지는 과정에서 인간과 인간 공동체에서 상호 의존하는 체계들은 사라지고 기계에 의존하는 사회로 대체될 것이다.

앞으로 인간-인간의 관계적 사회에서 인류가 기계에 대한 의존도를 높이면서 나타나게 될 인간-기계의 새로운 관계 설정은 기존의 인간과 인간의 관계성을 점점 줄어들게 만들 것이다. 결국 인간과 인간의 마주봄의 시간은 물론 사람들과의 대면은 점점 불가능해질 것이다. 호모 모빌리언스, 트랜스휴먼 그리고 코로나로

....

24 로지 브라이도티, 《포스트휴먼》, 이경란 옮김, 아카넷, 2015, 242~243쪽.

25 Peter Bloom, *Identity, Institutions and Governance in an AI World: Transhuman Relations*, Cham: Palgrave Macmillan, 2020, p. 48.

인한 비대면 시스템은 더욱 정교한 형태로 바뀔 가능성이 높다. 사람-사람의 관계성에서 사람-기계 관계로의 이행은 시간문제일 것이다. 이들 세 형태는 탈휴머니즘의 시기를 더욱 앞당기고, 우리는 '얼굴 없는 타자the faceless other'와의 자연스러운 만남을 거부할 수 없게 된 것이다.

코로나 시대를 살아가는 현대인의 타자와의 만남 시간은 점점 줄어들고 있다. 코로나 세대라 불리는 2020년 대학 신입생들은 비대면 수업으로 첫 학기를 맞이했다. 그들은 첫 학기부터 타자(동료)와의 마주봄이 거의 불가능한 상황에서 얼굴도 모르는 동기들과 함께 (비대면) 온라인 수업을 들었다. 수업을 진행하는 교수자의 입장도 마찬가지이다.

(비대면) 온라인수업을 진행하는 선생님들은 텅 비어 있는 강의실에서 학생들이 부재한 가운데 혼자 온라인수업을 촬영한다. '나와 너'의 마주봄이 상실된 곳(수업)에서 부득이하게 타자의 부재 상황이 지속적으로 연출되고 있다. 상대방의 얼굴을 볼 수 없는 상태에서의 비대면 수업과 같은 시스템은 코로나19가 종식될 때까지 계속 이어질 것이다. 호모 모빌리언스, 트랜스휴먼 그리고 코로나 시대에 우리는 마주봄의 철학적 함의를 다시금 생각해 보지 않을 수 없게 되었다.

형이상학적 목적성과 만남의 메타포metaphor

얼굴의 철학: 형이상학적 목적성과 마주봄

부버는 '너와의 접촉'을 통해 관계성을 맺는다고 했다. 우리는 타인과의 접촉에 의해 타자의 숨결, 곧 영원한 삶의 형태와 모습을 경험하고, 타자의 입김이 우리를 스치면서 사람-사람의 관계가 형성된다. 우리의 삶은 만남의 작용wirken이다. 우리는 그것을 온전히 내 것으로 만들 수는 없지만, 항상 그 작용에 관여하고 있다. 관여의 부재는 현실의 부재와도 같다. 자기만의 독점이 시작되는 곳은 현실의 부재와 가깝다. 만남에서 비롯되는 관여는 너와의 접촉이 직접적일 때 더욱 완전에 가깝다.[26]

부버는 인간을 홀로 존재하는 자, 스스로를 위한 존재로 파악하지 않고 세계와 함께 그 안에 존재하는 자로 이해한다. 세계 안에 거하는 존재는 자기 안에 숨어 있는 존재가 아니라 다른 사람과 관계를 맺고 마주 보는 존재이다. 그에게 자아와 타자는 실제적 삶에서 반드시 필요한 존재이다.[27] 부버는 세계 내에서 관계를 형성하는 영역을 세 가지로 구분한다. 자연과 함께 사는 삶, 사람들과 어울려 함께하는 삶, 정신적 존재와 더불어 사는 삶이다. 그는 이 가운데서도 사람들과 더불어 사는 삶의 영역이 가장 뛰어나다고 말한다. 오직 만남에서만 바라보는 것과 그 반대의 것(바라보이는

---

26 마르틴 부버,《나와 너》, 84쪽.

27 최성식, 〈마틴 부버 철학에서의 인간화의 길〉,《철학연구》 55, 1995, 108~109쪽.

것), 아는 것과 동시에 알려지는 것, 사랑하는 것과 사랑을 받는 것이 현실로서 존재하게 된다.[28] 부버는 사람들과 더불어 살아가는 삶 가운데서도 얼굴을 마주하는 〔나-너〕의 관계를 가장 중시한다.

인간은 홀로 존재할 수 없으며 반드시 짝으로 존재한다. 인간은 나와 너 그리고 나와 그것의 상태로 존재하는데, 특히 나와 너 사이에서 대화dialogue가 중요하다.[29] 실제적 대화, 곧 소통은 타자의 부재 상황에서는 이루어질 수 없다. 나와 너, 나와 타자의 동시적 상황에서 함께 있을 때만 대화가 가능하다. 부버가 우리에게 던지는 메시지는 얼굴을 마주하는 대화의 중요성이다. 초연결시대 현대인의 대면 상실은 그 어느 때보다 극에 달해 있다. 설령 대화의 창구가 열려도 SNS의 소통 방식을 수용하는 현대인들은 얼굴 없는 타자와의 대화에서 더 나아가지 않는다.

현실에서 인간의 삶과 존재 방식은 홀로 이루어지는 것이 아니다. 나 혼자 주체가 될 수 없고 반드시 타자와 함께 세계를 공유한다. 나와 너의 관계 속에서 삶의 방식이 형성되는 것이다. 우리들은 '나와 너의 대화'를 통해 실존해 있음을 느낀다. 홀로 독백하는 것은 대화가 아니고 삶의 진정성도 없다. 오직 나와 너와의 관계항에서만 소통이 가능하다.[30]

코로나19 발생 이후 교사는 얼굴 없는 학생들과 소통 없이 일

---

28 마르틴 부버,《나와 너》, 133~134쪽.

29 윤석빈, 〈마틴 부버의 대화의 원리〉,《동서철학연구》, 2006, 279쪽.

30 윤석빈, 〈마틴 부버의 대화의 원리〉, 274쪽.

방적으로 동영상 강의를 찍으면서 홀로 수업에 몰두하고 있다. 이 것이 코로나 시대의 현실이다. 학생들과의 대면 없는 수업은 독백에 가까우며, 학생(타자)과 함께 수업을 공유할 수 없다. 나와 너의 관계항의 상실은 독백일 뿐 마주함에서 시작되는 대화가 아니다. 얼굴을 마주하는 대화의 상실은 타자 사이의 간격, 즉 사람-사람의 간격을 더욱 멀어지게 하고 있다.

부버는 둘 사이the between에서의 관계적 인간을 중요하게 다룬다. 그는 관계적 인간은 인간과 인간의 만남, 즉 나와 너의 만남에서 비롯된다고 말한다.[31] 우리는 관계적 존재이다. 이 존재는 서로의 간격에서 마주하며, 그들은 '대화적 공동체'를 형성해 간다. 인간은 서로 대하고 마주 보면서 주체와 대상으로서 서로의 에너지를 공유하는 메타포metaphor를 만들어 간다.[32] 인간은 원초적이고 본질적인 현상으로 관계의 상태를 유지한다. 밤마다 떠오르는 달을 보면서 내게 다가오는 듯한 알 수 없는 매력을 느끼고, 이를 통해 달은 존재의 기억이 되어 나에게 표상으로 남게 된다. 자연이든 사람이든 타자는 내게 다가오면서 '자극상Erregugsbild'을 남긴다. 원시인들의 사회에서 신체적 체험에 국한되어 있었던 자극상은, 감각될 수 없는 것을 현재 존재하는 것(현존하는 존재)으로 받아들이기 힘들 것이다.[33]

31 Dan Avnon, *Martin Buber: The Hidden Dialogue*, Maryland: Rowman&Littlefield, 1998, pp. 152-153.

32 Dan Avnon, *Martin Buber: The Hidden Dialogue*, p. 151.

33 마르틴 부버,《나와 너》, 33~35쪽.

얼굴의 철학과 형이상학적 책임

인간은 누구나 소속된 존재, 연고를 가진 존재이다. 인간은 홀로 살아갈 수 없는 존재로서 타자와 관계를 형성해 나간다. 그러나 코로나 시대, 호모 모빌리언스 시대 비대면 시스템이 고착화되면서 타자와의 간격은 점점 멀어지고 있다.

'얼굴의 철학자'로 알려진 레비나스Emmanuel Levinas는 유목적인 자아의 방식을 타자지향성에서 찾는다. 그는 주체에서 주체 바깥으로 나아가는 타인에 대한 욕망으로서의 주체성을 말하고 있다. 우리가 외부 세계에서 다른 타자들과의 관계를 통해 자신과 타자의 삶을 표현할 수 있다는 것이다.[34] 그에게 타자는 우연히, 그리고 일시적으로 내 앞을 스쳐 지나가는 존재가 아니라 항시성을 가진 존재이다. 타자는 늘 나와 끈끈한 연결 고리로 이어져 관계의 지속성을 유지한다. 타자는 주체의 확장으로 이어진다.[35] 단순히 스마트폰이나 온라인에서 우연히 마주하고 갑자기 사라지는 타자가 아니라, 이웃이나 주위에서 늘 마주하는 타자는 항구적이다.

앞서 보았듯, 부버는 얼굴을 마주하는 소통의 시간이 진정한 현실이라고 말한다. '지금 이곳에서' 타인과의 만남이 시작되는 순간, 우리는 진정한 현실을 만들어 가는 것이다. 부버는 다른 사람들과 얼굴을 마주하는 곳에서 삶을 만들어 간다고 했다. 부버와 레비나스가

---

34 윤대선, 《레비나스의 타자철학》, 문예출판사, 2009, 127~128쪽.

35 Emmanuel Levinas, *Otherwise than Being or Beyond Essence*, trans. Alphonso Lingis, Pittsburgh: Duquesne University Press, 1998. p. 86.

강조하는 '마주봄의 철학'은 얼굴의 현현顯現이다. SNS나 온라인에서 잠시 만나는 사람들은 얼굴을 가린 채 소통하고 있다. 온라인에서도 일시적인 대면 만남은 가질 수 있으나, 직접 만나 현존하는 그(그녀)의 얼굴을 마주하는 것과는 거리가 멀다. 심지어 SNS에서 만나는 타자의 얼굴은 숨길 수도 있고 거짓일 수도 있다. 마주봄의 철학에서 요구되는 조건은 얼굴의 현현이자 동시성과 지속성이다.

공동체에서 우리가 함께 살아갈 수 있는 것은 의사소통을 통한 만남이 있어서 가능하다. 서로의 얼굴을 보고 말을 걸고, 다른 사람의 글이나 문장을 읽으며, 약속을 하고 질문에 대한 답을 하면서 상호 의견을 교환한다. 이 상호 교환은 신뢰를 바탕으로 서로 정직하게 말하고 믿을 수 있어야만 가능하다.[36] 여기서 정직함 또는 신뢰는 상대방과의 상호 이해와 얼굴에서 나타나는 진실성을 토대로 형성된다.

우리들은 가족 사이에 도덕적으로 특별한 것이 존재한다고 믿는다. 그것은 상호 신뢰와 늘 대면하면서 서로 삶의 진실을 공유하기 때문이다. 이러한 신뢰와 사랑으로 가족이라는 연대를 만들어 간다.[37] 이와 달리 생면부지의 사람에 대한 책임은 다른 종류의 의무감에서 시작된다. 처음부터 신뢰가 작동하기보다는 어느 정도 규범이 정해진 상황에서 서로를 믿는다. 이는 상호 신뢰라기보

---

36 James Rachels, *The Elements of Moral Philosophy*, New York: Mc Graw Hill, 2007, pp. 178-179.

37 James Rachels, *The Elements of Moral Philosophy* , p.180.

다 규범에 의한 비자발적 행위에서 비롯되는 것이다. 비자발적인 행위, 즉 규범이나 당위에 입각한 의무감은 서로 얼굴을 대면하기 이전에 작동되는 윤리적 행위이다.

　이러한 당위에 입각한 행위 중심의 윤리는 타인의 얼굴에서 나오는 존중이나 동정심 등 내면에서 나오는 인간의 본성이나 형이상학적 책임에서 나오는 도덕적 성품에서 비롯된 것이 아니다.[38] 마땅히 행하여야 할 의무감에서 시작된 비자발적인 도덕적 행위는 얼굴이 부재한 상태에도 수행 가능하다. 우리는 얼굴의 부재 상태에서 서로 신뢰가 형성되기 전에 의무감에 따라 윤리적 행위를 할 수 있다.

　의무감이나 규칙에 따른 도덕적 행위와 달리 자발적이고 타자지향적인 '마주봄의 철학'에서는 형이상학적 목적성을 만들어 낸다. 레비나스는 타자의 얼굴에서 나오는 외재적인 구성, 즉 타자와 나의 관계에서 내재적이고 본성적인 책임과 동정, 그리고 연민 등을 가지는 것을 '형이상학적 목적성' 또는 '형이상학적 책임'이라고 보았다. 그는 타인의 얼굴에서 보이는 연민과 책임은 본성적이라고 말한다. 타인의 얼굴에서는 눈에 보이는 가시적인 세계뿐 아니라 겉으로 드러나지 않는 형이상학적 책임을 드러내고 있다. 타자의 얼굴은 우리에게 형이상학적 책임을 요청하는 곳이다.[39] 마주봄의 철학에서 만들어 가는 규범은 자발적 행위에서 시작된다. 타자의

38　루이스 폴만·제임스 피셔, 《윤리학》, 박찬구 외 옮김, 울력, 2011, 209쪽.

39　윤대선, 《레비나스의 타자철학》, 298~299쪽.

호모 모빌리언스와 마주봄의 철학 |

얼굴을 마주하는 순간, 우리에게 형이상학적 목적성이 시작된다.

아웃 오브 사이트, 아웃 오브 마인드

우리는 상대방의 얼굴을 마주하는 시간이 길어질수록 그 사람의 모습을 잘 알게 되고 서로를 신뢰하게 된다. 한 번도 얼굴을 보지 못한 사람을 신뢰한다는 것은 쉽지 않은 일이다. 친한 사람들끼리도 얼굴을 마주하는 시간과 공간이 멀어지면 관계성도 멀어지게 마련이다. '아웃 오브 사이트, 아웃 오브 마인드(out of sight, out of mind)', 눈에서 멀어지면 마음에서도 멀어진다는 속담에서도 볼 수 있듯이, 늘 가까이에서 만나고 얼굴을 보는 이웃사촌을 더욱 가깝게 여긴다. 단순히 얼굴을 마주하는 것의 함의는 생각보다 크다. 사람의 얼굴을 보고 나면, 그 사람에 대한 신뢰도가 달라지고 더욱 친해지는 것은 무엇 때문일까?

우리는 한 번도 만나지 못한 사람, 단순히 그 사람의 글을 통해서나 SNS 소통을 통해서는 상대방에게 완전한 신뢰를 주거나 받는 것을 주저한다. '마주봄'의 가치가 여기에서 시작된다. 우리는 SNS 소통을 넘어 간혹 오프라인에서 온라인에서 소통하던 사람을 직접 만나는 경우가 있는데, 이렇게 마주봄의 과정을 거치면 서로에게 서서히 마음의 문을 열게 된다.

마주봄의 철학은 단순히 얼굴을 보는 것에서 끝나지 않는다. 타자의 얼굴을 보는 순간 바로 형이상학적 목적성이 작동하여, 서서히 그 타자와 하나가 되는 것을 경험하며, 얼굴을 보는 순간 그 사람에 대한 신뢰도가 높아진다. 그 이유는 무엇 때문인가? 비대면에서 놓치는 깊은 내면에서 나오는 동정이나 연민 그리고 그 사람에 대한 믿음(신뢰)이 '자연스럽게' 작동되기 때문이다. 도덕의 원리가 작동되는 과정에서 자연발생학적이고 인간의 내면에서 시작되는 본성이나 내면적 가치가 얼굴을 마주하면서 하나의 도덕적 행위로 작동된다. 이 과정에서 서로 신뢰를 갖게 되는 것이다.

인간의 복수성human plurality: 관계적 존재와 나

도덕의 작동 과정 중 가치에서 원리가 도출되는 방식이 있다. 생명의 가치로부터 '생명을 보호하라'는 원리를 도출해 낼 수 있고, 자유와 행복의 가치에서 '인간의 행복을 증진시켜야 한다'는 하나의 원리를 만들어 가게 된다.[40] 형이상학적 책임은 보편적이고 자연적인 가치에서 시작된다. 인간이 가지는 보편적 가치는 자연발생학적으로 만들어지는 가치이다.

이를테면 건강이나 행복 그 반대의 질병이나 불행은 자연발생학적 가치들이다. 이와 달리 인위적 원인으로 인해 만들어지는 가치들도 있다. 예를 들자면 친절함이나 난폭함은 인위적인 것이다.[41] 친절함이나 난폭함은 자연발생학적 원리에서 시작된 관습이나 제도를 거치면서 생성과 소멸의 과정을 겪는다. 우리는 하나의 도덕적 원리를 만드는 과정에서 자연적으로 생성되는 가치를 가지고 있다. 이 가치를 바탕으로 인위적인 것들을 저울질하면서 지

---

40   루이스 폴만 · 제임스 피셔, 《윤리학》, 119~120쪽.

41   John Kekes, *The Morality of Pluralism*, New Jersey: Princeton University Press, 1993, p. 18.

켜야 할 것과 버려야 할 것을 선택하게 된다.[42] 난폭함을 폐기하거나 더 이상 사회에서 받아들일 수 없는 것으로 간주하고, 난폭함 대신 남에게 친절하고 상냥하게 대하는 태도를 취하면서 친절함이 하나의 윤리적 행위와 원리가 되는 것이다.

우리가 일련의 보편적 원리를 도출함에 있어서 절대적인 가치를 수용하기 이전에 서로 다른 여러 개의 원리들, 즉 상대적이고 주관적인 가치관들이 먼저 개입되기 마련이다. 어떤 것보다 훨씬 더 나은 것을 하나의 원리로서 채택하는 과정에서 '보다 더 나은 것'을 고르는 것은 쉽지 않다. 다만 우선 상대적인 기준으로 바라본다.[43] 이런 상대적인 가치들이 존재함에도 불구하고 우리는 여전히 반드시 지켜 나가야 할 보편적인 것들을 만들어 간다.

앞에서 언급한 것처럼, 자연적으로 생성되는 가치들 가운데 '생명'이라는 소중한 가치는 절대적인 것이다. 생명의 고귀한 가치로부터 생명을 지켜 나가야 하는 보편적 원리가 도출되는 것처럼 말이다. 타자와 얼굴을 '마주봄'의 과정을 거치는 순간 자연발생학적 가치들, 즉 타인의 얼굴에서 나오는 연민의 눈빛으로 인해 우리는 하나의 원리로서 신뢰를 만들어 간다. 타자와 마주쳤을 때 형이상학적 책임이 '자연스럽게' 우리 가슴을 데우는 것이다.

짧은 순간 스마트폰에서 보는 타자의 얼굴은 직접적인 대면에

---

42 John Kekes, *The Morality of Pluralism*, p. 19.

43 Jacques P. Thiroux, *Ethics: Theory & Practice*. California: Glencoe Publishing, 1980, pp. 78-79.

서 느껴지는 자연스러운 얼굴의 모습이 아니다. 타자의 얼굴에 나타난 삶과 메시지를 읽기 위해서는 반드시 얼굴을 마주하는 마주봄의 철학이 필요하다. 그 만남에서 형이상학적 목적성은 꽃을 피우게 된다. 스크린을 통해 마주하는 얼굴에서 형이상학적 책임을 요구받고 그 책임을 수행하기는 어렵다.

내 앞에서 아픈 얼굴을 하고 있는 타자를 직접 만나면 서슴없이 그에게 다가가 손을 내밀 수 있는 자발적인 도덕감이 생겨난다. 이처럼 만남의 철학은 자발적인 형이상학적 목적성을 만들어 내고, 하나의 도덕적 원리를 도출하게 해 준다. 만남은 단순히 〔나-너〕의 만남에서 마주치는 것으로 끝나지 않고, 공동체에서 하나의 원리이자 '자연발생학적 가치'를 만들어 내는 단초가 된다.

끝으로 '마주봄의 철학'은 타자의 존재론적 가치를 끌어낸다. 인간은 각자 다른 생각과 가치관을 가지고 더불어 살아간다. 함께 있는 공간에서 '서로 다름'은 갈등을 일으키기도 한다. 갈등의 양상은 서로 다른 가치관, 다시 말해 다양한 사람들이 살고 있기 때문에 일어나는 것이다. 다양한 가치관을 가진 사람들이 존재한다는 것, 서로 다른 가치관을 가지고 살아가는 형태를 '인간의 복수성human plurality'이라고 부를 수 있다.[44] 인간의 복수성, 달리 표현하면 다수성으로 인해 나타나는 서로 다른 가치관과 생각은 타자가 존재하기 때문에 가능하다. 인간의 복수성은 홀로 살아가는 존재에게는 생길 수 없다.

....

44 김선욱, 《정치와 진리》, 책세상, 2001, 23쪽.

우리는 공동체에서 늘 타자와 마주하며 살아간다. 서로 다른 가치관을 가진 타자와 함께 살아간다는 것은 쉬운 일이 아니다 언제나 마찰이나 갈등이 생길 수 있다. 하지만 다른 가치관을 가진 타자의 존재는 나로 하여금 그들과 '다름'을 인식할 수 있게 해 준다. 그 다름은 동시에 '나는 누구인가?'라는 정체성에 대한 고민까지 품게 만들어 준다. 타자는 단순하게 나와 다른 존재라고 단정하고 끝낼 수 없는, '나를 나 되게 해 주는' 그 무엇, 다시 말해 나의 정체성을 찾을 수 있게 만들어 주는 존재다. 타자를 통해 나의 삶의 가치와 삶의 해석이 가능하다.

오늘날 타자는 얼굴을 감춘 채, 나와 마주하면서 살아가고 있다. 타자의 존재는 그 자체로 삶에서 많은 의미를 가지고 있다. 하지만 얼굴을 가리고 있는 타자의 존재는 다르다. 숨어 있는 타자는 속내를 드러내지 않는다. 어쩌면 얼굴을 가리고 있는 그들의 진실된 삶은 영원히 드러나지 않을 수 있다. 나는 그들의 생각이나 처한 환경에 대해 알 수 없다. 얼굴 없는 타자, 그들에게서 우리는 자연발생학적 연민이나 동정 등의 형이상학적 목적성을 발견하기가 쉽지 않다.

마주봄의 미학: 대면 추억 소환

누가 네 이웃인가?

'같이의 가치'라는 슬로건을 내건 공익광고가 있다. 모두 함께 더불어 살아가는 삶의 가치를 말해 주는 문구이다. 이 말에서 묻어 나듯이, 인간은 홀로 살아갈 수 없고 늘 자신의 얼굴이 타자의 얼굴에 노출되어 서로 마주 보며 살아간다. 우리는 늘 얼굴을 마주 보면서 그렇게 (자연스럽게) 살아간다. 하지만 호모 모빌리언스가 된 인간은 점점 공동체와 함께 살아가는 방식의 변화를 경험하고 있다. 호모 모빌리언스는 대면이 아닌 비대면으로 공동체에 참여하고 있다. 뿐만 아니라 코로나 시대에 우리는 비대면 사회에 익숙해지면서 상대방의 얼굴을 마주 대하는 시간을 점점 잃어 가고 있다.

우리는 '이웃사촌'이라는 말을 자주 사용한다. 이웃은 늘 얼굴을 마주 대하면서 자주 보는 사람을 말한다. 이웃은 늘 타자에게 나의 얼굴이 노출된 상황에서 함께 살아갈 때 사용할 수 있는 말이다. 오늘날 이웃의 얼굴을 몰라 당황하는 일들이 벌어지는 도심의 삶과는 거리가 멀다.

이웃사촌은 혈연으로 맺어진 사촌보다 더 가깝다는 말에서 비롯된 말이다. 그 이면에 바로 '마주봄의 미학'이 작동한다. 부버는 '나와 너'의 관계를 단순히 추상적인 것으로 해석하지 않고, '지금 이 순간' 자아와 타자의 만남이야 말로 '실제적 삶'이라고 말한다. 우리는 그 실제적 삶에서 타자와 함께 얼굴을 마주 보며 삶을 공유하고 있다.

우리 속담에 '자주 보면 정든다는 말'이 있다. 얼굴을 자주 보면서 느끼는 그 무언가로 인해 사람 사이의 신뢰가 더욱 돈독해진다는 의미다. 그렇다면 얼굴을 보는 것, 마주봄의 미학은 비대면 만남과 어떤 차이가 있을까? 마주봄의 아름다운 가치는 어디에서 나오는 것일까? 비록 짧은 만남이라도 직접 얼굴을 대면하는 마주봄의 가치는 자연스럽게 나타나는 형이상학적 목적성을 만들어 낸다. 타자의 얼굴을 보는 순간 연민과 동정, 또는 반가움과 헤어짐의 아쉬움 같은 인간미가 나타난다. 마주봄은 단순히 나와 너의 시공간을 공유하는 것에 그치지 않고, 하나의 자연발생학적 가치를 만들어 낸다.

마주봄의 철학은 단순히 타자의 얼굴을 관찰하는 것으로 끝나지 않는다. 타자의 얼굴을 보는 순간, 우리는 타자와 하나가 되어 간다. 타자의 아픔과 슬픔, 기쁨을 공유하면서 울고 웃게 된다. 우리는 비대면이 아닌 대면을 통해서 타자의 깊은 내면에서 나오는 동정이나 연민, 그리고 그 사람에 대한 신뢰를 자연스럽게 경험할 수 있다. 타자와의 만남, 만남의 철학이 하나의 도덕원리를 만들어 내는 것이다.

우리는 얼굴을 마주 보면서 인간 내면 깊은 곳에서 나오는 연민, 사랑, 감정의 이입 등 자연발생학적이고 본성적인 도덕감을 만들어 간다. 우리가 자주 사용하는 '안면顔面이 있다'는 말은 언젠가 한번은 얼굴을 본 경험을 있다는 뜻이다. 이 말의 함의는 언젠가 한번 얼굴을 마주 보았을 때, 형이상학적 가치 즉 인간의 연민과 정 그리고 신뢰나 때론 불신을 포함해서 인간미를 느꼈다는 것이다. 그 사람의 얼굴을 보는 것은 단순히 외적인 용모를 보는 것에 지나지 않는 것이 아님을 말한다. 마주봄의 미학은 바로 이런 것이다.

추억 소환: 마주봄의 미학이 던진 메시지

코로나가 장기화되면서 사회는 점점 비대면 시스템을 권장하고 있다. 많은 전문가들이 코로나를 경험한 세대는 코로나19가 완전히 사라진 뒤에도 여전히 비대면 시스템을 익숙하게 이용할 것이라고 예측한다.

2022년 3월 현재 코로나19 신규 확진자가 28만 명을 넘어섰다.[45] 코로나19 변종 오미크론의 유행으로 확진자가 크게 증가하였지만, 중증환자는 줄어들어 코로나 정복이 그리 멀지 않았다는 긍정의 소식을 기대할 수 있게 되었다. 이제 우리 사회는 포스트 코로나를 준비하고 있다. 코로나가 완전히 종식된 이후에도 여전히 비대면 시스템이 지배적이라면, 마주봄의 미학이 주는 가치는 더욱 상실될 것으로 예상된다.

우리는 코로나로 인해 비대면 시스템에 익숙해졌지만, 어쩌면 한편으로는 코로나 이전의 대면 시스템을 절실히 원하고 있는지도 모른다. 코로나가 시작된 지 2년이 지난 현재 대학에서는 많은 학생들이 대면 수업을 원하고 있다. 비대면 온라인수업을 오랫동안 진행하면서 학생과 선생님들은 비대면 수업의 한계를 절감하고 대면 수업을 원하고 있다. 다행히 2022년 1학기부터 대면 수업이 하나둘씩 늘어나고 있다. 대학 캠퍼스에 학생들의 활기찬 모습이 서서히 채워지는 것은 그나마 다행이다.

코로나19가 시작된 시점에 입학한 학생들은 '코로나 세대'라고

---

45 〈코로나19 신규 확진자 28만 2,987명〉, 《KBS 뉴스》 2022년 3월 11일자.

불리며 이전과 전혀 다른 신학기를 맞이했다. 학생들은 신입생환영회를 비롯한 각종 모임을 통해 친구들의 얼굴을 익히고 친목을 도모할 기회를 갖지 못했다. 신입생환영회는 취소되고 개학식을 비롯한 다양한 모임과 행사가 온라인으로 대체되어, 학생들은 친구들의 얼굴도 모른 채 신학기를 맞이해야 했다. 대학생들은 동아리 활동 등 대면 만남 자체가 없어져 선후배, 동료들과 친목을 도모할 기회조차 가질 수 없었다. 비대면 사회가 만들어 낸 안타까운 일이다.

2022년 현재, 우리 사회는 코로나로 인한 비대면 시스템의 한계를 경험하고 있다. 동시에 우리는 얼굴을 마주하면서 소통하는 것의 가치도 알게 되었다. 평소 무심코 지나치던 것들, 일상에서 흔히 경험하는 마주봄의 소중함을 알게 된 것이다. 지금 모두가 코로나 이전, 대면 사회의 추억을 소환하고 있다. 코로나19가 종식된 뒤에도 초연결시대의 사회적 유행을 잠시 뒤로 미루고, 서로 얼굴을 마주하면서 소통하는 마주봄의 미학을 만들어 가는 것은 어떨까? 마주봄의 미학은 우리에게 말하고 있다. 서로의 얼굴을 마주 보라고, 타자의 얼굴을 보면서 서로의 안부를 묻고 인사를 건네는 '마주봄의 가치'를 만들어 가라고 말이다.

참고문헌

고규경 외,《코로나 사이언스》, 동아시아, 2020.

김선욱,《정치와 진리》, 책세상, 2001.

김태희 외,《모빌리티 시대 기술과 인간의 공진화》, 앨피, 2020.

로지 브라이도티,《포스트휴먼》, 이경란 옮김, 아카넷, 2015.

루이스 폴만 · 제임스 피셔.《윤리학》, 박찬구 외 옮김, 울력, 2011.

마르틴 부버,《나와 너》, 표재명 옮김, 문예출판사, 2001.

송승선,《호모 옴니쿠스》, 비욘드북스, 2020.

신상규,《호모 사피엔스의 미래》, 아카넷, 2017.

유성준,《호모 컨시어스》, 해드림출판사, 2012.

윤대선,《레비나스의 타자철학》,문예출판사, 2009.

_____,《레비나스의 타자물음과 현대철학》, 문예출판사, 2018.

윤석빈, 〈마틴 부버의 대화의 원리〉,《동서철학연구》, 42, 2006.

이민화,《호모 모빌리언스》, 북콘서트, 2012.

이진경,《노마디즘》, 휴머니스트, 2002.

자크 아탈리,《호모 노마드, 유목하는 인간》, 이효숙 옮김, 웅진닷컴, 2005.

최성식, 〈마틴 부버 철학에서의 인간화의 길〉,《철학연구》55, 1995.

최향섭, 〈노마디즘의 이해〉,《사회와이론》, 한국이론사회학회, 2008.

한스 요나스,《기술 의학 윤리》, 이유택 옮김, 솔출판사, 2005.

홍성욱,《포스트휴먼 오디세이》, 휴머니스트출판, 2019.

Avnon, D. *Martin Buber:The Hidden Dialogue*. Maryland: Rowman&Littlefield, 1998.

Bloom, P. *Identity,Institutions and Governance in an AI World:Transhuman Relations*. Cham: Palgrave Macmillan, 2020.

C. Hall, Melinda. *The Bioethics of Enhancement: Transhumanism, Disablity*, Biopolitics, Maryland: Rowman&Littlefield, 2017

Kekes, J. *The Morality of Pluralism*. New Jersey: Princeton University Press, 1993.

Levinas, E. *Otherwise than Being or Beyond Essence*, trans. Alphonso Lingis. Pittsburgh: Duquesne University Press, 1998.

Maurice S. Friedman, *Martin Buber: The Life of Dialogue*. New York: Chicago University Press, 1955.

Rachels, J. *The Elements of Moral Philosophy*. New York: Mc Graw Hill, 2007.

Thiroux, Jacques P. *Ethics: Theory & Practice*. California: Glencoe Publishing, 1980.

〈스마트폰 달고 사는 엄지족, 방아쇠 수지 증후군 주의해야〉,《MBN 뉴스》 2018년 1월 7일자.

〈코로나19 여파 대학들도 비대면 수업〉,《이데일리 뉴스》2021년 3월 3일자.

〈코로나19 장기화에 스마트폰 중독, 백내장주의보〉,《이투데이》2021년 2월 1일자.

〈코로나19 신규 확진자 28만 2,987명〉,《KBS 뉴스》2022년, 3월 11일자.

2부

디지털 도시화와 페미니즘

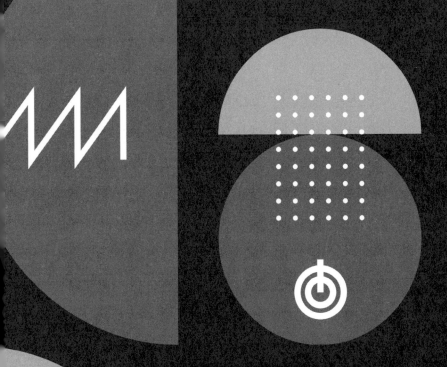

디지털 도시화와 정신소약적 주체의 탄생

'생물학적 여성'과 강박적 도시문화

이현재

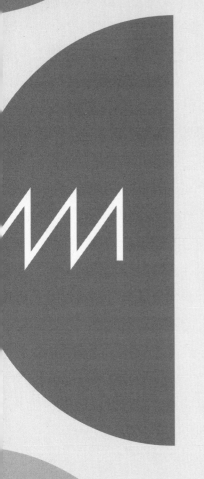
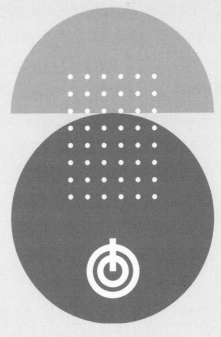

이 글은 2019년 대한민국 교육부와 한국연구재단의 지원을 받아 수행된 연구(NRF—2019S1A5C2A02082683)로 전남대학교 인문대학 인문학연구소에서 발행하는 《용봉인문논총》 제59권에 수록된 글을 일부 수정한 것이다.

디지털 시대의 역설, "생물학적 여성"

도시사학자 루이스 멈포드Lewis Mumford가 말했듯, 도시는 언제나 종교 · 문화 · 경제의 연결점, 만남의 장소였다. 멈포드에 따르면 고대 도시는 종교적 만남을 토대로 이루어졌으며, 근대 도시는 경제적 만남을 촉진 · 유지하기 위한 과정에서 만들어진 건조 환경의 집적소였다. 현대에 이르러 교통 · 통신수단의 발달과 함께 도시화의 외연은 점차 확장되었다. 우리는 대도시로 가지 않더라도 대도시의 소식을 접할 수 있으며, 시골 도로변에 세워진 24시간 편의점에서 언제든 상품을 소비할 수 있다. '지구화'는 물리적 공간으로서의 도시가 확장되는 것만을 의미하지 않는다. 앙리 르페브르Henri Lefebvre에 따르면 도시화는 '도시적 삶' 즉 '도시문화the urban'가 확장되는 과정이다.

디지털 시대의 도래와 함께 우리는 언제 어디서나 인터넷에 접속하기만 하면 이미지로 가득 찬 도시적 삶에 연결될 수 있게 되었다. 인터넷 네트워크를 통해 열린 도시적 삶의 공간에서 상품은 진열대가 아니라 화면상에서 '이미지image'로 홍보되며, 고객은 상품을 사기 위해 직접 은행이나 백화점에 갈 필요가 없다. 물리적 공간을 뛰어넘는 디지털 도시화는 우리를 '초연결hyper-connectedness'의 시대로 이끌었다. 원하든 원하지 않든 우리는 다양한 사람, 다양한 커뮤니티, 다양한 상품에 연결되며, 이로써 우리는 융합과 혼종의 시공간에 살게 된 것이다.

그러나 역설적이게도 이미지가 증대되는 디지털 도시화 과정에서 우리는 물리적 공간을 점유하는 '몸'에 대한 언급이 증가하고 있는 장면을 목격하게 된다. "생물학적 몸"을 반복적으로 강조하는 목소리가 두드러졌기 때문이다. 가령 남성중심 인터넷 커뮤니티에서는 '베이글녀' 등 여성을 몸으로 환원하는 흐름이 나타났으며, 비동의 촬영물 유통과 N번방 사건에 이르기까지 다양한 플랫폼을 이용한 디지털 성폭력은 여성을 '생물학적 몸'으로 환원하는 태도를 전제로 한다. 더욱 놀라운 것은 남성과 뚜렷하게 구분되는 여성의 생물학적 몸을 강조하는 이러한 태도가 여성혐오를 비판하는 페미니즘의 한 흐름에서도 나타났다는 것이다. 이들은 여성의 생물학적 차이를 강조하는 가운데 남성과의 분리, 트랜스젠더에 대한 공포를 호소했다. 생물학적 차이에 근거한 성차별이 가부장제의 토대였다는 점을 고려해 볼 때 이는 매우 역설적인 상황이 아닐 수 없다.

그렇다면 왜 디지털 도시화의 과정에서 다시금 몸과 성별의 차이에 대한 강조가 나타나게 된 것인가? 국내외 이론가들은 성별 분리에 근거한 여성혐오적 담론의 출현을 신자유주의라는 시대적 조건과 연관시켜 설명해 왔다. 미국의 여성학자 수전 팔루디Susan Faludi는《백래시backlash》에서 80년대 후반부터 미국에서 다시 등장한 여성혐오를 분석하면서 신자유주의 시대 여성의 약진에 불안감을 느낀 남성들이 여성혐오를 강화하게 되었다고 분석하였다. 국내에서는 윤보라, 임옥희, 권김현영, 손희정, 루인, 김수아 등이《여성혐오가 어쨌다구?》,《대한민국 넷페미史》,《그런 남자는 없다》등의 저서에서 신자유주의적 경쟁으로 인한 남성의 불안이 어떻게 디지털 매체를 통해 한국형 여성혐오로 투사되는지를 분석했다.

여성혐오에 대한 대응으로서 페미니즘에서 나타나는 몸의 본질화와 이분법적 구분의 태도 역시 신자유주의와 관련하여 비판적으로 분석되었다. 김보명은 〈'혐오'의 정동경제학과 페미니스트 저항의 정치학〉에서 여성중심 인터넷 커뮤니티에서 두드러지게 나타나는 난민 및 트랜스 혐오를 신자유주의적 불안의 전치로 설명했으며, 필자 역시 〈신자유주의 시대 젠더정의와 '유리천장 부수기'〉에서 '생물학적 여성'을 강조하면서 다른 소수자운동과의 연대를 거부하는 일부 페미니즘의 입장이 자기계발 및 능력주의와 만나고 있다고 보았다.

그러나 이러한 설명은 왜 신자유주의적 불안이 하필이면 "생물학적 몸"에 대한 강박으로 나타나는지에 대한 이유를 충분히 보여줄 수 없었다. 경쟁력을 갖기 시작한 여성 청년들이 '파이'를 둘러싼 경쟁에서 도태되지 않기 위해 여성이라는 집단의 경계를 뚜렷이 하고 이를 기반으로 여성만을 우선시하는 페미니즘을 강조하게 되었다는 설명은 이들의 신자유주의적 불안을 설명하고 있지만, 왜 이들이 생존의 불안을 넘어 타자에 대한 배제로까지 나아가는지, 왜 '생물학적 여성'을 소환하면서 난민과 트랜스젠더를 배제하는 데까지 나아가는지를 충분히 설명하지는 못하는 것이다.

이에 필자는 이 글에서 이 시대를 '디지털 도시화'의 시대로 명명하고, 디지털 도시화로 인한 정신쇠약이 '생물학적 여성'을 강박적으로 확증하려는 페미니즘의 흐름을 만드는 데 일조하였음을 주장하고자 한다.

'실재이자상상인 현실'로서의 디지털폴리스

먼저 '디지털 도시화'가 무엇이며 이러한 시공간적 조건이 우리의 삶에 어떤 변화를 가져왔는지를 보자. 잘 알려져 있듯 근대 산업 사회 이후의 도시는 생산과 소비, 금융 등의 서비스산업, 교육과 문화 등이 집중된 연결점을 의미한다. 그렇다면 디지털 도시화는 무엇인가? 필자는 여기서 '디지털 도시화'를 디지털 매체를 통해 도시적 삶이 영위되는 삶의 형태로 설명하고자 한다. 그렇다면 도시적 삶을 디지털 매체를 통해서 영위한다는 것은 무엇이며, 그것은 도시 공간에 어떤 변화를 가져오는가? 이를 분명히 하기 위해 매체 그리고 디지털 매체의 특성부터 살펴보자.

우리는 매체medium 없이 무언가를 경험할 수 없다. 가령 나는 나의 신체 없이 내 고통을 경험하거나 대상을 지각할 수 없다. 여기서 신체는 인간이 세계를 그리고 인간을 경험하게 만드는 매체이다. 매체의 발전은 인간의 신체를 확장시켰고 이로써 인간의 경험역시 확장되었다. 맥루언Marshall McLuhan에 따르면 "전기의 시대에 우리는 스스로를 인류 전체의 일에 개입시키고, 우리 속에서 인류 전체의 일이 함께 고려될 수 있을 때까지 우리의 중추신경 체계를 기술적으로 확장"[1]시켰다. 이것은 곧 "매체로 인한 인간의 확장,

---

1 마셜 매클루언, 《미디어의 이해》, 김성기 · 이한우 옮김, 민음사, 2002, 7쪽. 이 글 본문에서는 Marshall McLuhan을 맥루언으로 표기한다.

즉 인간 감각의 확장"을 의미한다.[2]

매체는 세계를 경험하게 하는 형식일 뿐 아니라 내용이기도 하다. 맥루언이 "매체는 메시지다"[3]라고 했을 때, 이는 매체가 경험을 위한 중립적인 형식이 아니라 경험을 구성하는 내용까지도 포함한다는 것을 보여 주기 위함이었다. 맥루언에 따르면 기술 매체의 변화와 함께 우리는 다른 질의 삶을 살게 되었다. 가령 철도의 도입은 새로운 종류의 도시를 탄생시켰으며, 전기의 도입은 낮뿐 아니라 밤에도 생활할 수 있도록 만들었다.[4] 맥루언은 매체의 변화가 특히 지각 방식의 변화를 만들어 낸 것에 주목했다. 가령 고대 폴리스의 정치적 삶에서 중요한 것은 청각이었다. 시민은 연설을 들으면서 즉각적으로 반응하는 등 참여적으로 상호적으로 소통했다. 그러나 인쇄술의 발전과 더불어 청각의 시대는 가고 시각의 시대가 왔다. 시민은 저자와 문자를 읽음으로써 소통한다. 그런데 이제 전기네트워크와 더불어 다시금 문자는 비문자적인 것으로, 시각은 청각적인 것으로 변환되었다. SNS에서는 점차 문자에 의한 소통보다 시청각 이미지에 의한 소통이 늘어나고 있다.

매체의 변화는 커뮤니케이션의 방식뿐 아니라 대상과 공간에 대한 이해도 변화시켰다. 맥루언에 따르면 현대 물리학자들은 연장적 공간, 즉 "데카르트나 뉴턴 식의 전문화된 시각적 공간"을 포

....

2   심혜련, 《20세기의 매체철학》, 그린비, 2012(2013), 133쪽,

3   마셜 매클루언, W. 테런스 고든 편집, 《미디어의 이해》, 김상호 옮김, 커뮤니케이션북스, 2011, 8쪽.

4   마셜 매클루언, 《미디어의 이해: 인간의 확장》, 2011, 32~33쪽.

기하고 대신 "비문자적 세계의 섬세한 청각적 공간"에 다시 들어서고 있다.[5] 디지털 매체를 통해 열리는 비문자적 세계는 연장과 부피를 갖는 대상이 아니라 비문자적 시청각적 "이미지"로 가득차 있다. 사이버 공간은 물리적 공간에 접근하지 않고도 후기자본주의 도시문화의 자장 안에서 상호작용하는 삶을 영위할 가능성을 제공했다. 디지털 네트워크에 접속하기만 하면 우리는 이미지로서의 상품을 (재)생산하고 소비하는 삶을 공유하는 장과 연결된다. 이러한 도시적 삶이 이루어지는 장을 필자는 "디지털폴리스 digitalpolis"라고 명명하고자 한다. 디지털폴리스에서 우리는 화상으로 예배를 보고 학교에 가며 유튜브로 전시와 공연을 감상한다. 정치적 행위를 위해서 광장에 나가기보다 청와대 게시판과 같은 온라인 창구나 SNS를 이용한다. 디지털 네트워크 안에서 우리가 함께 생산/재생산하는 것은 실물이 아닌 비문자적 이미지들이다. 이런 점에서 '디지털 도시화'란 경제적·문화적·정치적 디지털 '이미지'를 생산하고 유통하며 소비하는 완전히 새로운 상호작용적 삶의 장으로의 전환을 말한다.

2010년 이후 스마트폰의 보급과 함께 우리 사회도 본격적으로 디지털 사회로 전환되었다.[6] 우리는 원하든 원하지 않든 스마트폰

5 마샬 맥루한, 《구텐베르크 은하계》, 임상원 옮김, 커뮤니케이션북스, 2001. 67쪽.

6 과학기술정보통신부 및 한국지능정보사회진흥원의 《인터넷이용실태조사》(국가승인 지정통계 제120005호)에 따르면 "2019년 7월 현재 만3세 이상 인구의 인터넷이용률은 91.8퍼센트"이다. 이는 우리나라 만3세 이상 인구 4,635만 3천 명이 최근 1개월 이내 1회 이상 인터넷을 이용했음을 의미한다(〈인터넷 이용률〉, 《e-나라지표》, 2021. 05. 25. http:// www.index.go.kr/potal/main/EachDtlPageDetail.do?idx_cd=1346). 코로나19 이후 인

만 가지면 방구석에 앉아서도 수많은 시청각 이미지를 만나고 또 그 이미지를 떠나 또 다른 이미지로 흘러 다닐 수 있다. 고대 폴리스에서는 대면과 실재가 중요했다면, 디지털폴리스에서는 비대면과 디지털 이미지가 중요하다. 맥루언은 전자기술의 시대에 소통이 청각적이라고 설명했지만, 디지털폴리스의 소통은 시청각적 또는 공감각적이라고 하는 것이 더 정확하다. 라면 광고에서는 소리도 문자도 맛도 촉감도 이미지로 생산되고 소비되며, 맛이나 촉감이 시각이나 청각을 통해 이미지화되기도 한다. 맥루언은 전자기술의 시대에 소통이 비문자적이라고 압축하여 설명했지만, 디지털폴리스에서는 비문자와 더불어 문자 이미지를 통한 소통도 상당하다. 다만 네티즌들은 활자 시대의 독자와 달리 시각적 문자 이미지에 즉각적으로 참여할 수 있다. 웹소설은 댓글과 함께 스토리를 전개하며 정책은 시민들의 평가와 함께 지속적으로 수정된다.

디지털폴리스에 가득 찬 디지털 이미지는 실재와 분리·대립하는 가상이 아니다. 이미지들은 현실적으로 우리에게 영향력을 미치기 때문이다. 이미지는 우리의 육체와 감정에 변화를 일으키고 육체와 감정의 소리와 함께 개작되고 융합된다. 이러한 상호작용은 실재와 가상이 뚜렷하게 구분되는 상태에서의 주고받기가

터넷과 스마트폰 이용률은 더더욱 증가한다. 앱애니의 조사에 따르면 코로나 이후 모바일 앱 사용 시간은 중국 30퍼센트, 한국·일본·프랑스 7퍼센트 등 전 세계적으로 크게 증가하였다(〈앱애니, 코로나19에 글로벌 '모바일 앱 소비 시장' 폭발적 증가〉, 《브릿지경제》, 2020. 08. 18. https://post.naver.com/viewer/postView.nhn?memberNo=11255530&volumeNo=29123007).

아니다. 처음부터 우리는 기술 및 매체와 함께 존재하고 인식하기 때문이다. 우리는 디지털 영상에 비친 몸 이미지를 보면서 자신의 몸에 대한 감각을 익히며 특정한 관계, 우연적 조건에서 자신의 몸 이미지가 바뀌는 것을 본다.

디지털폴리스는 물리적 공간에 대립하는 가상의 세계가 아니다. '디지털폴리스'는 오히려 물리적 공간만큼이나 그리고 그 이상으로 디지털 공간의 영향력이 강해지고 있음을 표현하기 위한 개념이자, 실재와 이미지가 뚜렷이 구분되지 않는 현실이 도래했음을 강조하는 개념이다. 디지털폴리스는 실재에 대립하는 가상이 아니라 우리가 살아가는 "실제 장소일 뿐만 아니라 상상된 그리고 가상화된simulated 현실"[7]이다. 디지털폴리스에서 "우리는 무엇이 '실재'이고 무엇이 '상상'된 것인지 말하기가 더욱 힘들어졌다."[8] 실재 세계와 가상세계의 논리적 구분을 위한 기준은 확실히 약화되었다. 세계들은 섞이고 융합되면서 뒤엉킨 세계, 이미지가 실재보다 더 큰 영향력을 행사하는 "하이퍼리얼리티hyper-reality"를 만들어 낸다. 이런 점에서 디지털폴리스는 "실재이자상상인real-and-imagined 현실"[9]이라고 할 수 있다.

"실재이자상상인 현실"로서의 디지털폴리스는 복잡한 연결망

---

7 에드워드 W. 소자, 《포스트 메트로폴리스 2》, 이현재 외 옮김, 라움, 2019, 31쪽.

8 에드워드 W. 소자, 《포스트 메트로폴리스 2》, 309쪽.

9 에드워드 W. 소자, 《포스트 메트로폴리스 2》, 310쪽. 여기서 소자는 real과 imagined뿐 아니라 매체를 뜻하는 and 사이에도 연결부호 '-'를 붙임으로써 뚜렷한 경계를 갖는 이분법적 세계가 해체되고 융합과 연결의 시대가 도래했음을 분명하게 표현한다.

으로 이루어져 있다. 누구나 접속하기만 하면 지역적이고 부분적인, 나아가 세계적인 커뮤니티에 소속될 수 있다. 원하든 원하지 않든 우리는 오프라인에서보다 더 많은 연결점을 온라인에서 갖게 된다. 영향력이 큰 연결점은 다른 차원의 연결점들과 뒤엉키면서 하루아침에 다른 삶의 모양새를 만들어 내기도 한다. 작고 우연적인 지역 사건이 그물망처럼 퍼져 전 지구적 변화를 만들어 내기도 하며, 세계적인 사건이 지역과 부분을 변화시키기도 한다. 실재와 상상은 다층적으로 연결되면서 예측하지 못한 세계를 만들어 낸다. 이런 점에서 디지털폴리스는 과잉 연결성hyper-connectivity이자 중심이 없는 메갈로폴리스megalopolis이다. 디지털폴리스는 복잡하게 그물망처럼 연결되어 있으며 이 연결에는 중심이 없다. 디지털폴리스는 다층적 연결 속에서 융합되며 공동 제작된다.

"물질-기호"로서의 몸

그렇다면 복잡한 연결망으로 이루어진 "실재이자상상인 현실"인 디지털폴리스에서 몸은 어떻게 이해되어야 할까? 필자는 먼저 도나 해러웨이Donna Haraway의 《겸손한 목격자》를 참고하는 가운데 디지털폴리스에서의 '몸'이 단순한 가상적 이미지이거나 실체적 실재가 아니라 양자를 뚜렷하게 구분할 수 없는 방식으로 몸, 기술, 기호가 상호작용하는 장임을 분명히 하고자 한다.

　해러웨이에 따르면 몸은 "잡종 커뮤니케이션 속에서 기계, 몸,

| 그림 1 | 앤 켈리, 〈버추얼 검경〉　　　　| 그림 2 | 린 랜돌프, 〈측정 불가능한 결과〉

정신의 기호 작업에 의해 생산된"[10] "물질-기호적 세계"[11]다. 우리
는 항상 기술 매체를 통해 의미화된 몸과 마주한다. 해러웨이는 이
러한 주장을 그림을 통해 설명하는데 대표적인 사례로는 《겸손한
목격자》에서 인용한 앤 켈리의 〈버추얼 검경〉(《그림 1》)을 들 수 있
다.[12] 이 카툰에서 보이는 컴퓨터 자판과 연결된 사이보그 여성은
자신의 몸 속 태아를 의료기기가 스캔한 화면상의 영상으로 마주
하고 있다. 미켈란젤로의 〈천지창조〉가 신을 매개로 한 인간의 탄
생을 묘사하고 있다면, 이 카툰에서 인간은 디지털 기술과의 접속
을 통해 존재하게 되는 것이다. 여기서 태아는 '물질-기호'이다.

　해러웨이가 인용한 다른 사례인 린 랜돌프의 〈측정 불가능한
결과〉(《그림 2》) 역시 여성의 몸이 디지털 의료기술의 측정 방식을

10　도나 해러웨이, 《겸손한 목격자》, 민경숙 옮김, 갈무리, 2006, 35쪽.

11　도나 해러웨이, 《겸손한 목격자》, 40쪽.

12　도나 해러웨이, 《겸손한 목격자》, 341쪽.

통해 경험되는 "물질-기호"임을 분명히 보여 준다. 여기서 의료장비는 여성의 두개골뿐 아니라 여성의 심리에 존재하는 인어, 악어, 남경, 무서운 꿈까지도 스캔하고 있다. 이것들은 모두 의료기술에 의해 존재하게 되는 대상이라는 점에서 "물질-기호"인데, 해러웨이는 한 발 더 나아가 이러한 그래픽을 모두 "비유"라고 표현한다. 일반적으로 의료기술에 의해 파악된 두개골은 비유가 아닌물 자체 혹은 실재라고 생각되지만, 해러웨이에게 이는 "물질-기호적 장치의 산 경험"[13]이며 그런 점에서 비유다.

'비유'는 프랑스어로 얼굴을 뜻하는데, 영어에서는 이야기의 윤곽이라는 개념의 뜻을 보유하고 있다. '계산하다to figure'는 세다, 계산하다를 의미하며, 또한 이야기 속에 끼다, 역할을 맡다 등을 의미한다. … 비유는 그래픽 표현들과 일반적인 시각 형태들과 관련이 있으며, 이 사실은 시각적으로 포화된 기술과학 문화에서 적지 않은 중요성을 띠고 있다.[14]

해러웨이에 따르면 비유는 총체적 동일시와 다르다. 해러웨이는 우리가 항상 역사적·공간적으로 특정한 맥락에 처해 있으며 특정한 기술 매체를 통해 물질과 접속한다는 점에서 부분적이고 상황적으로 지각한다고 본다. 비유는 동일시와 달리 역사적이고

13   도나 해러웨이, 《겸손한 목격자》, 35쪽.
14   도나 해러웨이, 《겸손한 목격자》, 55쪽.

디지털 도시화와 정신쇠약적 주체의 탄생 |

부분적인 위치를 고백하는 인식이며, 따라서 의료기기에 의해 인식된 물질-기호로서의 몸을 물 자체에 대한 동일시, 총체로 간주하는 태도는 물신적이다. 해러웨이가 의료기기에 의해 스캔된 두개골마저 "비유"라고 표현한 이유는 바로 과학기술적으로 매개된 유전자나 유기체 등을 변치 않는 대상 또는 시공적 한계를 초월하여 모든 사람에게 동일하게 인식되는 총체적 대상, 즉 물 자체로 간주하는 "물신주의fetishism"[15]를 비판하기 위해서이다. 해러웨이에게 몸은 부분적인 위치와 연관된 기술적 매체를 통해 존재하는 "물질-기호"이기에 몸의 의미는 실천적 상호작용 관계 속에서 전의된다.

> 비유는 반드시 표현이나 미메시스일 필요는 없으나 전의tropes · 轉義여야 한다. 다시 말하자면, 비유는 문자이거나 자기-동일시여서는 안 된다. 비유는 적어도 동일시와 확실성을 교란시킬 수 있는 어떤 종류의 치환과 연관되어 있어야 한다.[16]

우리가 경험하는 '몸'이 부분과 관련된 비유이지 총체적 동일시가 아니라고 해서, 그것이 자의적 가상이나 허상이라는 말은 아니다. 어떤 비유도 그것은 물질 또는 비인간 행위자들과의 상호 실천 속에서 수행되는 것이기 때문이다. 이런 점에서 해러웨이에게

---

15 도나 해러웨이, 《겸손한 목격자》, 285쪽.
16 도나 해러웨이, 《겸손한 목격자》, 55쪽.

몸을 이해하는 문제는 존재나 인식이 아니라 관계적 실천에 주목하는 "화용론"이며 "기호학의 생리학"[17]이다. 우리는 기술 매체, 몸, 기호의 복잡한 상호작용을 통해 우리의 몸을 마주하게 되며, 심리적 · 생물학적 · 사회학적 관계망 속에서 '몸'을 물질-기호적으로 생산한다.

기호, 인간, 비인간(물질) 사이의 관계가 실천적으로 반복되면서 몸은 "유체화有體化 · corporealization"한다. 해러웨이에 따르면 유체화는 "기술과학의 분산된 이질적 작업 과정들 속에서 일어나는 인간과 비인간들의 상호작용"[18]이다. 인간과 인간이 만들어 낸 도구 그리고 인간의 제조와 별개인 비인간 존재들 간의 상호작용으로 우리는 우리 앞에 신체라는 대상을 마주하게 된다는 것이다. 해러웨이에게는 세포, 분자, 유전자, 유기체 등이 모두 인간과 비인간의 상호작용 속에서 나타난 "물질적-기호적 몸들", 지식과 기술의 "자연적-기술적 대상"이다.[19] 이런 점에서 몸은 완전한 픽션도 완전한 실재도 아니다.

그러나 바로 그런 이유로 몸은 "전의적이며 역사적으로 특수하다."[20] 몸은 동일시가 아니라 기호적으로 부분이 매개되기에 "발전, 이행, 내포 등과 교차하며 가끔 치환"[21]된다. 물질-기호적 장

---

17 도나 해러웨이, 《겸손한 목격자》, 260쪽.
18 도나 해러웨이, 《겸손한 목격자》, 286쪽.
19 도나 해러웨이, 《겸손한 목격자》, 286쪽.
20 도나 해러웨이, 《겸손한 목격자》, 286쪽.
21 도나 해러웨이, 《겸손한 목격자》, 57쪽.

치를 통해 경험된 '몸'은 다른 층위의 물질-기호와 복잡한 관계를 맺는 가운데 파편화되고 변화할 수 있다. 이런 점에서 해러웨이는 "사이보그에 붙어 다니는 시간적 양식은 압축condensation, 융합fusion, 내파implosion"[22]라고 말했다. 몸과 자아는 기술생명권력의 반복적 재현을 통해 특정 형태로 압축되기도 하지만 열려 있는 연결 속에서 융합되기도 하고, 또 그 융합의 과정에서 정체성의 해체가 일어나기도 한다는 것이다.

몸에 대한 관계의 망각과 정신쇠약

그러나 시뮬레이션의 홍수와 함께 물질과 기호 간의 관계('-')가 단절될 때 몸은 좌표를 잃은 채 떠다니게 된다. 셀레스테 올랄퀴아가Celeste Olalquaga는 포스트모던 도시에서 유기체적 자아와 기술적 자아를 구별하는 것, 자아가 자신을 좌표에 뿌리박고 있는 지속적 유기체로 보는 것이 어려워지고 있음을 지적한다.[23] 포스트모던적 도시 공간에서 "유기체는 사이버네틱스로, 상징계는 상상계로 대체"되고 있기 때문이다.[24] 디지털 도시화는 자율적 시뮬레이션을 대량생산하는 가운데 물질-기호 사이의 '-' 관계를 망각

22 도나 해러웨이, 《겸손한 목격자》, 57쪽.

23 Celeste Olalquaga, *Megalopolis: contemporary cultural sensibilities*, Minnesota: University of Minnesota Press, 1992, p.93.

24 Celeste Olalquaga, *Megalopolis: contemporary cultural sensibilities*, p.1.

하게 만들 수 있다. 물질-기호, 인간-비인간의 연결점을 망각한 채 시뮬레이션 과정에서 몸과의 연결을 망각할 때 우리는 정체성의 경계, 신체를 잃는 공포에 사로잡힐 수 있다는 것이다.

올랄퀴아가에 따르면 시뮬레이션의 홍수와 함께 우리는 유기체의 공간과 재현된 공간을 뒤섞게 되고 결국 "공간에서 길을 잃은 채" 정신쇠약Psychasthenia에 시달릴 수 있다.[25] 여기서 정신쇠약이란 자신과 환경이 융합되는 시뮬레이션 환경 속에서 육체적 정체성 소멸의 공포에 시달리는 증상을 의미하며, 정신쇠약적 주체란 육체적 감각의 부재와 결핍을 만족시키기 위해 스스로를 이미지의 강박적 반복에 종속시키는 주체를 의미한다.[26] 전자네트워크를 통한 연결로 인해 만들어진 이미지의 세계 안에서 나의 몸은 그 뿌리를 잃게 되며, 초연결의 세계에서 나의 몸은 더 이상 나만의 것이라고 할 수 없는 상황에 처하게 된다. 이러한 상황에서 정

----

25 필자는 여기서 '몸'이 관계 속에서의 기호적 실천임을 망각할 때도 물신주의가 나타나지만, 반대로 관계 속에서의 몸의 실천임을 망각할 때에도 나타난다고 본다. 시뮬레이션의 홍수 속에서 생활하는 시간이 길어짐과 함께 물질-기호의 연결점이 사라질 때에도 물신주의가 나타난다는 것이다. 우리는 점점 더 많은 시간을 비대면 관계 속에서 살아가고 있다. 근대 산업사회까지만 해도 가족이나 친구 같은 친밀유대 관계(1차 사회적 관계)와 경제·기능적 관계(2차 사회적 관계)가 신체적 접촉을 동반하는 대면 관계를 통해 이루어졌다. 그러나 인터넷 연결망의 확장과 함께, 특히 코로나 시대를 겪으면서 우리는 2차뿐 아니라 1차 관계도 비대면으로 맺기 시작했다. 2020년 초등학교에 입학한 아이는 수업뿐 아니라 생일파티도 줌으로 하는 데 익숙하다. 이는 디지털 도시화 과정에서 친밀 관계 및 유대 관계조차 "비대면적, 비신체적 관계들"**(마크, 로트디저, 2013:3)**을 통해 이루어지고 있음을 보여 준다. 우리는 몸조차 비대면적으로, 비신체적으로, 부피와 길이가 아닌 시뮬레이션으로만 지각하기에 이르렀다. 바야흐로 기호를 초월하는 잉여의 그 무엇이 함께 얽혀 있다는 사실을 망각하기에 이르렀다.

26 Celeste Olalquaga, *Megalopolis: contemporary cultural sensibilities*, p. 6.

신쇠약적 주체는 이를 봉합할 상상의 이미지를 기계적이고 강박적으로 반복하면서 자아를 고정시키고 타자로부터 분리시키고자 한다.

올랄퀴아가는 《이상한 나라의 앨리스》를 언급하면서 앨리스가 원더랜드에서 중력을 잃듯이 시뮬레이션의 세계에서 우리는 육체적 정체성의 감각을 잃게 될 수 있다[27]고 보았다. 시뮬레이션 세계에서 우리가 물리적 몸과의 관계를 상실하게 된다는 것은, 디지털 매체 안에서 유기체가 사이버네틱으로 점차 대체되면서 "존재와 환경이 하나로 융합된"[28] 상태가 된다는 것이다. "유기체의 몸의 좌표로서의 공간이 재현 공간과 혼합된" 이러한 상태가 지속되면, 우리는 부피와 무게를 갖는 몸의 경계를 망각한 채 시뮬레이션 세계 속에서 자신의 몸을 "평평하고 유동적인 것으로("Flatness(lack of depth and volume) and mobility(lacke of a fixed axis))"[29] 경험하게 된다. 여기서 재현 공간에서의 상상적 이미지로서 평평한 나는 살을 가진 나보다 선행하기도 한다.

시뮬레이션 세계에서의 유비쿼터스적 연결은 우리에게 전능감을 선사하지만 살을 가진 나를 망각시킨다. 나는 블로그 · 페이스북 · 트위터 · 인스타그램 등에서 욕망을 가시화하지만, 살과 좌표를 가진 유기체와의 관계를 상실한 나는 나에게 영향력을 행사하

---

[27] Celeste Olalquaga, *Megalopolis: contemporary cultural sensibilities*, p. 3.

[28] Celeste Olalquaga, *Megalopolis: contemporary cultural sensibilities*, p. 1.

[29] Celeste Olalquaga, *Megalopolis: contemporary cultural sensibilities*, p. 5.

는 타인의 댓글 및 알고리즘을 통해 끼어드는 광고와 뒤엉키면서 나의 욕망이 환경이 부추기는 욕망과 어떻게 다른지 알 수 없다.

상상계적 봉합과 강박적 도시문화

디지털 도시화 과정에서 나타나는 신체 및 자아의 경계 소멸에 사람들은 어떻게 대응하고 있을까? 몸이 물질-기호의 연결점임을 망각한 채 시뮬레이션의 홍수 속에서 살아가는 세 가지 태도를 생각해 볼 수 있다. 첫째는 몸과 자아정체성을 완전히 포기하고 유비쿼터스적 자아에 만족하는 것이고, 둘째는 잃어버린 몸에 대한 대안을 마련하지 못한 채 우울증이나 냉소주의에 빠져 생활하는 것이다. 마지막 세 번째 태도는 상상계적 이미지의 강박적 반복이다. 몸이 상실될 것에 대한 공포를 극복하기 위해 정신쇠약적 주체는 몸에 대한 상상계적 이미지를 물신화함으로써 몸과 환경의 경계를 강박적으로 유지하려 하는 것이다. 필자는 이 세 번째 대응 방식이 디지털 시대의 강박적 도시문화 형성의 핵심을 이루고 있으며, 이로 인해 디지털 성폭력뿐 아니라 생물학적 여성에 대한 집착이 강화되었음을 주장하고자 한다.

세 번째 태도를 이해하려면, 우선 시뮬레이션 세계에서는 문자나 말이 아니라 시각적 이미지에 의한 규제가 이루어지고 있다는 점에 주목할 필요가 있다. 올랄퀴아가가 메갈로폴리스에서 소통 방식의 변화를 "언어적인 것에서 시각적인 것으로의 전환the verbal by the visual"[30]이라고 정리했을 때, 이는 사이버 환경에서 시각적 이미지가 경험과 판단에 핵심적인 역할을 하게 되었음을 강조한 것으로 이해되어야 한다. 가령 고대와 근대 도시에서 몸과 환경의 경계와 질서를 보장하는 것은 말이나 글로 된 법이었지만, 사이버 공간에서는 자연적 몸이라는 '이미지'가 그 역할을 대신한다. 과거에는 아버지의 법, 의학적 규정, 의사의 선언 등에 의해 성별 정체성에 대한 인식이 확정되었다면 사이버 세계에서는 반복적으로 떠돌아다니는 성별 이미지가 성별에 대한 인식 가능성을 만들어 낸다. 시뮬레이션 세계에서는 말이나 글도 시각적 이미지로 유통된다. 우리가 "짤"이라고 부르는 이미지에는 문자와 텍스트가 그림과 함께 또는 그림처럼 표현되어 있으며 우리는 이를 읽는 것이 아니라, 본다. 시각 이미지에서의 평평한 몸은 깊이와 무게와 부피를 가진 몸을 대신한다.

이런 의미에서 올랄퀴아가가 진단한 시각적인 규범 세계로의 전환은 소자Edward W. Soja의 "도시 상상계the urban imaginary"와 연관되어 있다. 소자는 이 개념을 통해 현대 도시 공간에서 상상적인 이미지가 규제적 형식으로 나타나고 있음을 분명히 하였다. 소자에 따르면 "도시 상상계"는 "도시 현실에 대한 정신적 또는 인지적 지도를 의미하며, 우리가 살아가는 장소·공간·공동체에서 생각하고, 경험하고, 평가하고, 결정하는 행동에 필요한 해석의 기준을

---

30 Celeste Olalquaga, *Megalopolis: contemporary cultural sensibilities*, p. 5.

의미한다."[31] 도시 상상계는 물질-기호의 관계적 실천을 회복하는 방법이 아니라, 상상계적 이미지를 강박적으로 반복함으로써 정체성 붕괴의 공포를 해소시키고자 한다.

도시 상상계에서 실재보다 더 실재적인 상상계적 이미지는 파편화된 신체를 이어 붙이고 외부로부터 내부의 경계를 확보하며 질서를 만드는 데 핵심이 된다. 라캉Jacques Lacan이 말한 거울단계 이론을 상기해 보자. 아이는 거울에 비친 이미지imago를 통해 자신을 전일적 통일적 존재로 확인하고는 환호성을 지른다. 상상계의 이미지는 부분적 신체 지각으로서의 비유와 달리 신체 붕괴의 위험 앞에서도 자아가 결속을 유지할 수 있게 하는 "전체감을 획득시키는 자아 이미지"를 제공한다.[32] 올랄퀴아가는 언어가 했던 규제의 역할을 이미지가 하고 있다고 표현하기도 하였다. 필자는 이것이 바로 디지털 도시화와 함께 진행된 상징계에서 상상계로의 전회라고 본다. 시뮬레이션 세계에서 반복적으로 나타나는 상상계적 이미지는 도시 공간의 지배적 규범이 된다. 상상적인 것, 상상적인 이미지들이 우리 몸의 경계와 욕망 및 감정의 형태 그리고 판단의 기준을 형성하는 데 점점 더 결정적인 영향력을 행사한다는 것이다.

올랄퀴아가에 따르면, 정신쇠약적 주체는 신경을 거스르는 무질서, 몸과 환경의 경계 해체의 공포를 상상계적 이미지를 기계적으로 반복하여 자연화함으로써 상쇄하고자 한다. 올랄퀴아가는

---

31   에드워드 W. 소자, 《포스트 메트로폴리스 2》, 308쪽.

32   Celeste Olalquaga, *Megalopolis: contemporary cultural sensibilities*, p. 4.

이를 "지시성을 잃은 것에서 살아남으려는 몸의 투쟁"이라고 표현한다. 시뮬레이션 세계에서 몸은 그 파편과 자취에서 살아남기 위해 "상상계적으로 재구성"된다는 것이다.[33] 올랄퀴아가는 거울방, 관음증, 몸 없는 섹스, 포르노그래피와 같은 현대의 도시문화가 바로 이미지를 상상계적으로 반복함으로써 해체 위기에 처한 몸과 자아를 구하려는 정신쇠약적 도시민의 시도라고 본다.

상상계적 이미지를 반복하는 강박과 관련된 도시문화를 몇 가지 살펴보자. 올랄퀴아가에 따르면 포스트모던 도시에서 몸의 소멸에 대한 불안을 해소하려는 대표적 강박 문화 중 하나는 거울방의 (재)생산이다. 실제 현대 건축물이 유리로 만들어진 경우도 많지만, 우리의 일상 또한 거울, 컴퓨터 스크린 그리고 카메라 렌즈로 가득 차 있다. 디지털 시대 도시민은 거울방에서 자신의 총체적 이미지를 재차 확인함으로써 파편화된 신체와 자아의 통합을 상상계적으로 확인한다. 현대미술 역시 인간이 자신의 몸을 거울, 사진, 영상 등을 통해 시네마적으로 반복하여 (재)구성하고 있음을 보여 준다.[34]

거울에 비친 전체로서의 나, 평평한 몸 이미지는 시각적인 이미지이기에 촉각을 필요로 하지 않는다. 우리는 나를 확인하기 위해 몸을 만지거나 맛을 보거나 냄새를 맡을 필요가 없다. 대신 몸을

33 Celeste Olalquaga, *Megalopolis: contemporary cultural sensibilities*, p. 7.
34 가령 2021년 제주 포도박물관이 기획한 〈너와 내가 만든 세상〉에 전시되고 있는 이용백의 작품 〈broken mirror〉는 이음새 없이 말끔하게 통합된 거울상은 거울이 깨지는 순간 파편화되어 나타난다는 것을 보여 준다.

만지거나 맛보거나 냄새 맡는 그림과 영상을 시청하면 된다. 우리는 부피로서의 몸의 소멸을 대신하기 위해 시뮬레이션 세계에서 상품을 소비하고 먹방을 본다. 이것이 시뮬레이션 세계에서 일어나는 신체의 환상적 수취이다. 실제로 먹지도 않으면서 먹방을 보거나, 만지지도 못하는데 반려동물을 쓰다듬는 영상을 보는 것은 잃어버린 몸을 이미지화함으로써 그 경계를 시각적으로 확인하려는 시도라고 할 수 있다. 만지는 것과 만져지는 것이 동시적으로 이루어지는 촉각과 달리, 시각은 거리 두기를 필요로 하며 보는 주체와 보이는 대상의 이분법을 전제로 한다. 이는 물질-기호를 망각한 채 시각적 인식에만 몰두하는 경우 누군가 혹은 무엇인가는 일방적으로 대상화될 수 있음을 의미한다.

몸의 촉각을 시각화하는 대표적인 사례가 바로 포르노그래피다. 포르노그래피는 부재하는 신체, 부재하는 섹스를 '이미지'를 통해 상쇄하려는 시도이다. 신체 이미지를 시청함으로써 만족을 얻는 행위는 촉각적 신체의 소멸에 대응하여 정체성을 유지하려는 평평한 육체의 삶의 방식이다. 포르노를 시청하는 자는 평평한 육체가 얻을 수 있는 새로운 만족을 추구하면서 부피의 육체를 망각한다. 올랄퀴아가는 여성혐오 비판의 관점에서 포르노를 분석하는 여타의 이론가들과 달리 "포르노그래피에서 보이는 자와 보는 자의 경계는 거의 존재하지 않는"[35]다고 주장한다. 보는 자는 보이는 자만큼이나 시뮬라크르와 실재의 구분이 모호한 지점에서

---

35 Celeste Olalquaga, *Megalopolis: contemporary cultural sensibilities*, p. 6.

자신의 육체적 만족으로부터 소외되어 있기 때문이다. 보는 자는 육체와 감각이 완전히 분열된 채 강박적 시청을 통해 만족을 얻는다. 여기서 보는 자는 보이는 대상과 마찬가지로 "사물화reification" 되어 있다. 여기서 물화란 연장을 가진 존재가 평평한 이미지가 되는 것이자 깊이와 부피를 가진 몸의 만족으로부터 소외된다는 것을 의미한다. 포르노를 보는 자는 이미 자신의 육체를 망각하고 있으며, 따라서 보는 자는 유일성이나 통일성으로서의 인격이 아니다. 포르노를 보는 자는 환경과 분리되지 못한 채 고작 익명성으로 영상 앞에 있으며, 신체의 행위가 아니라 이미지의 시청각적 반복을 통해 얻는 쾌감에 종속된다.[36]

최근 우리 사회에서 커다란 문제가 되었던 디지털 성폭력[37]은 시뮬레이션 환경에서 상상적인 것the imaginary을 강박적으로 반복함으로써 육체적인 것을 부여잡으려는 정신쇠약적 주체의 대표적 병리현상이라고 할 수 있다. 2000년대 일명 '빨간 마후라 사건' 이후 현재에 이르기까지 디지털 카메라의 비약적 발전과 함께 확장된 이른바 '몰래카메라'에 의한 신체 촬영, 유포, 시청은 여성의 몸을 평평한 이미지로 만들어 소비하는 전형적인 강박 문화라고 할수 있다. 신자유주의적 경쟁으로 인한 불안과 더불어 디지털 도시

---

36 Celeste Olalquaga, *Megalopolis: contemporary cultural sensibilities*, p.6.

37 〈대한민국 정책브리핑〉에 따르면 디지털 성폭력(성범죄)은 "디지털 기기와 정보통신 기술을 매개로 온오프라인에서 발생하는 성인지(젠더) 폭력"이다(〈법무부 정책 블로그 기자단 13기 지원글 (디지털성폭력)〉, 《대한민국 정책브리핑 블로그》, 2020. 12. 19. https://blog.naver.com/deak2005/222179217244).

화로 인한 신체 소멸의 공포를 갖게 된 정신쇠약적 남성 주체들은 남성성을 상상계적으로 확인하는 한 가지 방법으로 여성의 몸을 평평한 디지털 이미지로 대상화하여 통제하기에 다다른 것이다. 여기에는 살을 가진 피해자의 고통에 대한 망각뿐 아니라 살을 가진 자신의 욕망에 대한 망각이 존재한다. 이들은 이미지로 환원된 몸에 대한 이해 속에서 촉각을 가진 타인이 느낄 수 있는 고통을 알기 힘들다. 이미지화된 타인의 사진과 영상물을 시청하는 자는 타인뿐 아니라 자신의 신체까지도 평평한 이미지로 물화하면서 시청각적 만족에 종속된다.

그 밖에도 올랄쿼아가는 "디지털적으로 실행되는 관음증적 규제"[38] 역시 강박적 도시문화로 지적한다. 모든 것이 유동화되고 혼합되는 환경 속에서 길을 잃은 정신쇠약적 주체들은 정보를 모으고 분류하는 일에 집착하게 되는데, 여기에는 단순한 코드에 맞도록 정보를 절단하거나, 예측 가능한 코드나 서사로 정보를 동질화하거나, 차이를 같은 주제의 변주 정도로 축소하려는 강박이 존재한다는 것이다. 강박적 주체는 경계와 질서를 분명히 하기 위해 예외가 되는 정보를 차단하거나 삭제함으로써 경계와 질서를 강화하고자 한다. 정보화시대의 "확증편향"으로 알려진 이러한 강박 문화는 도덕적인 편집증으로 이어진다. 즉, 자신의 도덕적 신념에 맞는 사실만을 수집함으로써 통일성을 상상계적으로 확증하려는 강박은 이질적인 것에 대한 삭제와 부정을 강화하게 된다는 것이다.

---

38   Celeste Olalquaga, *Megalopolis: contemporary cultural sensibilities*, p.14.

"생물학적 여성"이라는 상상계의 강박적 반복

통일되고 매끈한 '생물학적 몸'이라는 상상계적 이미지에 집착하면서 몸의 파편화 및 전의 가능성을 부정하는 태도는 해러웨이의 용어로 "물신주의"다. 그의 논리를 적용하면 '생물학적 몸'이라는 과학적·기호적 실천을 "사물 그 자체로 오인"하는 이러한 물신주의는 몸이 물질-기호 관계의 장이라는 점을 망각한 태도이다.[39] 그에 따르면 "유전자 물신주의는 몸들이 통합의 그물망 속에 있는 접속점임을 '잊고 있음'"과 관련되어 있다.[40] 그것은 유전자 비유를 유전자 자체로 만들어 버리는 자연화의 오류 속에서 인간-비인간, 기호-물질의 관계를 삭제시킨다. 물신주의의 특징은 매듭이 없음, 전의 없음, 즉 동일화이다.

그렇다면 어떻게 이러한 물신주의, 강박적 도시문화에 대항하고자 했던 페미니즘이 '생물학적 여성'을 반복하고 있는 것일까? 왜 페미니즘의 일부 흐름은 물질-기호의 관계를 망각하고 '생물학적 여성'이라는 "유령 객관성"[41]에 집착하게 된 것인가? 필자는 이것이 디지털 도시화, 신경쇠약적 주체, 강박적 도시문화를 중심으로 설명될 수 있다고 본다.

먼저 2015년부터 본격적으로 부상한 우리 사회의 페미니즘이

---

39 도나 해러웨이, 《겸손한 목격자》, 285쪽.

40 도나 해러웨이, 《겸손한 목격자》, 87쪽.

41 도나 해러웨이, 《겸손한 목격자》, 285쪽.

디지털 매체를 기반으로 하는 디지털 페미니즘임에 주목할 필요가 있다. 2015년부터 페미니즘 물결을 만들어 낸 청년 여성들은 경쟁력을 갖춘 여성들이었지만 디지털 카메라에 의한 비동의 촬영물이 떠다니는 시뮬레이션 환경에서 자아가 해체되는 공포를 느낄 수밖에 없었던 디지털 네이티브들이다.[42] 비동의 촬영물에 나타난 여성의 몸은 물질을 망각한 기호이며 부피와 깊이 그리고 촉각을 잃어버린 평평한 몸이다. 여성의 몸 이미지는 여성의 고통이나 의지와 상관없이 시뮬레이션 세계를 떠돌면서 시각적으로 대상화되며 상상계적으로 물신화된다. 남성 중심의 디지털 도시 상상계는 시각적 여성의 몸 이미지를 물신화하는 가운데 여성의 몸을 착취한다. 이것이 바로 디지털 세계에서 일어나는 이미지 착취의 기제이다.

올랄퀴아가의 정신쇠약 논변을 적용하여 설명하자면, 자신의 몸 이미지가 유기체로부터 이탈하여 무단으로 침범되고 착취되는 경험은 자아 해체의 공포, 정신쇠약의 상태를 가져온다. 디지털 성폭력 피해자는 자신의 몸 이미지가 유기체로부터 분리되는 몸 정체성 소멸의 공포뿐 아니라, 그 자체로 물신화된 몸 이미지가 자신의 의지나 욕망과 상관없이 침범당하는 자아 소멸의 공포를 경험하게 된다. 여성의 몸 이미지를 물신화하는 도시 상상계 안에

---

[42] 2020년에 발표된 통계청의 통계에 따르면 N번방 사건 등 다양한 플랫폼을 통해 일어나고 있는 디지털 성폭력 발생률은 2007년 약 1.6건에서 2018년 14.4건으로 8.8배가량 증가하였다(〈법무부 정책 블로그 기자단 13기 지원글 (디지털성폭력)〉, 《대한민국 정책 브리핑 블로그》, 2021. 07. 27. https://blog.naver.com/deak2005/222179217244).

서 피해자 또한 자신의 몸 이미지를 자신의 몸과 동일시하게 되기에 이미지 착취의 경험은 곧 물리적 침범의 경험으로 다가오며, 이에 피해자는 자아와 환경이 뒤섞이면서 자아가 해체될 것 같은 공포, 즉 정신쇠약의 상태에 빠지는 것이다. 실태 조사나 인터뷰에서 잘 드러나듯 이미지 착취의 피해자는 밖으로 나갈 수 없을 정도의 공포감에 시달리게 되며, 인격 없는 고깃덩어리처럼 취급된 것 같은 불쾌감을 느낀다.[43]

그러나 디지털 페미니즘의 한 흐름은 이러한 상황에서 망각된 물질-기호, 인간-비인간의 관계를 회복하는 방향이 아니라, 상상계적으로 여성의 몸의 경계를 강화하는 방향으로 나아갔다. 디지털 성폭력을 처벌해 달라는 요청이 사회적으로 실질적인 효력을 발휘하지 못하는 상황에서, 디지털 페미니스트들은 이 공포에 대응하기 위해 우선 온라인상에서 폐쇄적 공간을 만들었다. 여성중심 인터넷 커뮤니티 워마드 페이지에 여성들'만'을 위한 '대피소'라는 별칭이 붙었다는 점을 상기해 보면 이는 분명해진다.[44] 나아가 이들은 오프라인에서도 폐쇄적 공간을 주장했다. 성별이 구분된 생물학적 여성들만의 화장실, 여성'만'의 시위를 강조했던 '불편한 용기'의 혜화역 시위 등은 바로 경계 침입자에 대항하여 육체적 통합성을 지키기 위한 상상계적 전략이 온라인에서 오프라

---

43 〈법무부 정책 블로그 기자단 13기 지원글 (디지털성폭력)〉 https://blog.naver.com/deak2005/222179217244

44 이와 관련해서는 이현재, 〈디지털 도시화와 사이보그 페미니즘 정치분석: 인정투쟁의 관점에서 본 폐쇄적 장소의 정치〉, 《도시인문학연구》, 10권(2), 2018, 127~152쪽 참조.

인으로까지 확대되고 있음을 보여 주었다. 이들은 '생물학적 여성'이라는 상상계적 이미지를 규범으로 하는 안전한 공간을 온·오프에서 만들고자 했던 것이다.

이들이 공포를 최소화하기 위해 선택한 두 번째 방식은 도시 상상계에 기반한 미러링이었다. 미러링은 남성과 여성을 뚜렷하게 분리하고 남성이 여성에게 했던 방식을 남성에게 그대로 돌려주는 조롱의 놀이문화이자 공격적 방어의 방식이다. 미러링은 여성에게 가해지는 혐오를 거울에 비춘다는 점에서 강력한 이분법적 성별 이미지에 기반할 수밖에 없다. 다시 말해서 망각된 몸과의 관계 대신, '생물학적 남성' 및 '생물학적 여성'이라는 실재보다 더 실재 같은 통합적 이미지를 상상계적으로 강화함으로써, 디지털 여성 이미지가 침범되는 공포에 대응한 것이다.

그러나 바로 이러한 상상계적 동일시로 인해 디지털 페미니즘의 한 흐름은 인간-비인간, 기호-물질의 관계적 실천의 장으로서 몸에 대한 이해를 회복하는 방향으로 나아가지 않았다. 이들은 비동의 촬영물과 같은 시뮬레이션의 홍수 속에서 자신의 몸을 지키기 위해 몸과의 관계를 회복하는 것이 아니라, '생물학적 여성'이라는 상상계적 이미지를 강박적으로 반복함으로써 여성의 몸을 자연화하고, '생물학적 여성'이라는 상상계적 총체성을 흐트러뜨린다고 생각하는 모든 이질적인 것을 배제하기에 이르렀다. 여성 혐오에서와 마찬가지로 대항 전략에서 강박적으로 사용되는 '생물학적 여성'이라는 시각적 이미지는 촉각으로 지각되는 부피와 깊이의 몸을 대신하여 '자연'으로 등장한다.

그들이 저항의 발판으로 삼았던 '생물학적 여성'과 같은 상상계적, 시각적 이미지는 촉각적 몸과 달리 부분적이거나 파편화되어 있지 않다. 시각적 상에는 안과 밖의 이음새나 구멍이 보이지 않는다. '생물학적 여성'이 상상계적으로 분명하게 자리 잡을 때 '생물학적 남성'의 경계도 분명해지기에 공포로부터 자신을 지키려는 노력은 '생물학적 여성'의 동일성을 지켜 내려는 강박으로 이어진다. 그러나 이들이 반복했던 매끈하고 통일적인 정체성으로서의 '생물학적 여성'은 상상계적으로 간신히 봉합된 자아상이기에 자신의 몸을 침투해 들어오는 '생물학적 남성'을 마주하는 순간 자아 소멸의 공포는 다시금 떠오른다. 여성들의 폐쇄적 도시 상상계에서 공간 침입자로 표상되는 '생물학적 남성'은 몸의 파편성과 자아 소멸의 공포를 상기시키는 트리거로 작동하는 것이다.

정신쇠약적 공포를 자극하는 것은 '생물학적 남성'뿐만이 아니다. 이들은 MTF^Male to Female 트랜스젠더와 같은 경계 횡단자를 마주할 때에도 공포감을 나타낸다. 여성들'만'의 폐쇄적 공동체 안에서 통용되는 상상계에는 생물학적 여성과 남성이라는 뚜렷한 이분법 구도가 유지되어야 하기에, '생물학적 여성'이라는 통일적 이미지를 교란하는 어떤 이질성도 공포의 대상이 된다. 이는 결국 자신의 몸이 해체될 것에 대한 공포에 사로잡힌 정신쇠약적 주체가 상상계적 이미지로 자신의 통합성을 유지, 강화하려는 강박 속에서 공간 침입자뿐 아니라 공간의 경계를 교란하는 이질성을 제거하는 과정인 것이다.

가령 숙명여대에서 법적으로 성별을 바꾼 트랜스젠더의 입학이 허용되었을 때, 터프TERF: Trans-Exclusionary Radical Feminist 계열의 페미니스트들은 여대라는 여성 공간을 사수하기 위해 트랜스젠더의 입학을 거부했다. 그들은 상상계적 이미지를 통해 경계를 분명히 하려는 강박에 시달리고 있기 때문에 MTF 트랜스젠더를 규정할 때에도 그들을 경계 횡단자가 아니라 젠더를 바꾼 "남성"으로 표현한다. 이들이 만든 한 웹자보에 MTF 트랜스젠더는 토끼의 탈을 쓴 늑대로 묘사되었다. 여기서 트랜스젠더는 여전히 작고 여린 토끼(생물학적 여성)들을 위협하는 늑대(생물학적 남성)다. 나는 트랜스젠더를 군이 '남성'으로 표현하는 그들의 태도에서 경계가 불분명한 혹은 경계를 넘나드는 비체abject에 대한 공포가 나타나고 있다고 본다. 트랜스젠더는 남성과 달리 상상계적으로 규정된 생물학적 이분법의 질서에 의해 규정될 수 없는 비체이다. 비체는 '정체성, 체계, 질서를 방해하는 모든 것, 경계와 지위와 규칙을 존중하지 않는 것'[45]이다. 터프들은 이분법을 토대로 하는 기존의 주체 개념을 전제하고 있고, 따라서 비체인 트랜스젠더를 '남성'으로 규정함으로써 자아 붕괴에 대한 두려움에 대응한다.

크리스테바Julia Kristeva에 따르면 상상계 단계에서 아이는 자신의 경계를 만듦으로써 주체가 된다. 아이는 자신과 함께 있던 어머니를 쫓아내고 거절함으로써, 즉 분리의 경계를 만들어 냄으로써 '나'가 된다. 이런 점에서 주체는 경계를 나누고 분리하는 능력 속에서 상상계적으로 구성된 정체성이다. 반면 이러한 상상계적 경

---

45 Julia Kristeva, *Powers of Horror*, NY: Columbia University Press, 1984, p. 4.

디지털 도시화와 정신쇠약적 주체의 탄생 |

계와 동일시를 위협하는 비체는 혐오와 공포를 유발한다. 비체는 대상과 달리 주체에 대립해 있는 것이 아니라 주체 옆에 있다. 비체는 자아와 타자 사이의 경계가 허약함을 드러낸다. 따라서 주체는 비체를 자신의 공간에서 배제함으로써 자신의 경계를 분명히 하고자 한다. 올랄퀴아가가 언급하듯, 디지털 시대에 질서를 잡고 경계를 나누는 기능은 상상계가 아니라 상징계가 맡아 한다.

상상계적 동일시에서 한계 인정으로

앞서 필자는 디지털폴리스는 물리적 공간만을 나타낸다기보다 "실재이자상상인 현실"이며, 디지털 세계에서의 몸은 단순한 가상이나 반대로 단순한 실체가 아니라 "물질-기호"로 이해되어야 한다는 것을 보여 주었다. 그러나 도시 공간은 점점 더 시뮬라크르가 선행하는 공간으로 바뀌었다. 부피와 깊이가 사라진 공간에서 우리는 도시와 몸의 경계와 범위와 한계를 안다고 말하지 못하게 되었다. 시뮬레이션의 홍수와 함께 도시민은 물질-기호, 실재-가상, 몸-기술의 상호관계(-)를 망각하게 되었으며 관계를 망각한 디지털 도시민은 자신의 정체성과 육체성이 사라질 것 같은 공포 속에서 상상계적 몸 이미지를 통해 이를 봉합하고자 한다. 이것이 바로 디지털 시대의 여성혐오가 상상계적 몸 이미지에 집착하는 이유다. 경쟁력 있는 여성의 부상에 대한 불안과 더불어 부피와 깊이를 가진 자신의 몸을 잃어버릴 것 같은 공포를 가지게 된 일부 남성 네티즌들은 '김치녀', '베이글녀' 등의 상상계적 이미지를 강화하는 가운데 자신의 남성성을 확인한다.

문제는 이에 대응하는 디지털 페미니즘의 한 흐름마저 '생물학적 여성'이라는 상상계적 이미지에 집착하게 되었다는 것이다. 이들은 불법촬영물 속에서 여성의 몸이 시뮬레이션으로 축소되어 마구 침범되는 현장을 수없이 지켜보았으며, 이에 대응하기 위해 폐쇄적 커뮤니티나 미러링이라는 방법을 쓰게 된다. 그러나 이러한 전략은 남성과 뚜렷하게 구분되는 여성이라는 상상적 이미지를 강화하고, 이 과정에서 남성뿐 아니라 트랜스젠더 등 경계를 침범하는 모든 이질성을 배척하게 된다. 디지털폴리스의 시민들은 모두 전체성에 대한 환상을 자극하는 도시 상상계에서 완전히 자유롭지 않게 된 것이다.

필자는 이러한 사회병리가 해결되기 위해서는 무엇보다도 실재-상상, 물질-기호, 인간-비인간, 기술-몸의 관계를 회복할 필요가 있다고 본다. 촉각을 통한 몸의 경험, 대면을 통한 몸의 경험이야말로 매끈하게 봉합된 통일체로서의 몸이라는 상상계적 환상에서 벗어날 수 있는 가능성을 제공한다. 나아가 공포 앞에서 통일적 전체로서의 몸이라는 환상적 이미지를 도입하기보다 우리의 몸 혹은 몸의 기호화가 부분적임을 인정하는 데서 시작해야 할 것이다. 몸의 파편성과 부분성을 인정하는 것이 존재의 실패가 아니라 존재의 조건임을 인정해야 한다는 것이다. 여성혐오에 대항하기 위해 또 다른 성의 환상 동일시를 수행하게 된다면, 이는 이질성과 타자성을 배제하고 자신의 정체성을 물화하는 결과를 낳게 될 것이다.

참고문헌

김보명, 〈'혐오'의 정동경제학과 페미니스트 저항의 정치학〉, 《한국여성학》, 34(1), 2018, 1~31쪽.

이현재, 〈신자유주의 시대 젠더정의와 '유리천장 부수기'〉, 《젠더와 문화》, 12권(2), 2019, 43~73쪽.

_____, 〈디지털 도시화와 사이보그 페미니즘 정치분석: 인정투쟁의 관점에서 본 폐쇄적 장소의 정치와 상상계적 정체성 정치〉, 도시인문학연구, 10권(2), 2018, 127~152쪽.

현남숙, 〈해러웨이: 기술과학 안에서 전략적 장으로서의 물질-기호적 몸〉, 《시대와 철학》, 19권(3), 2008, 271~299쪽.

김진아, 《나는 내 파이를 구할 뿐 인류를 구하러 온 게 아니라고》, 바다출판사, 2019, 33쪽.

김영희 · 허윤 · 최태섭 외, 《그런 남자는 없다》, 오월의 봄, 2017

김주환, 《디지털 미디어의 이해》, 생각의 나무, 2008.

니나 파워, 《도둑맞은 페미니즘》, 김성준 옮김, 에디투스, 2018

도나 해러웨이, 《해러웨이 선언문》, 황희선 옮김, 책세상, 2019.

_____, 《겸손한 목격자》, 민경숙 옮김, 갈무리, 2006.

루이스 멈포드, 《역사 속의 도시》, 김영기 옮김, 명보문화사, 2001.

마셜 매클루언, 테런스 고든 편집, 《미디어의 이해-인간의 확장》, 김상호 옮김, 커뮤니케이션북스, 2011.

마샬 맥루한, 《구텐베르크 은하계》, 임상원 옮김, 커뮤니케이션북스, 2001.

마이클 피터 스미스, 《초국적 도시이론》, 남영호 · 이현재 외 옮김, 한울, 2010.

박영욱, 《매체, 매체예술 그리고 철학》, 향연, 2008.

손희정 · 박은하 · 권김현영 외, 《대한민국 넷페미史》, 나무연필, 2017.

수전 팔루디, 《백래시》, 황성원 옮김, 아르테, 2017.

심혜련, 《20세기의 매체철학》, 그린비, 2012(2013).

에드워드 W. 소자, 《포스트메트로폴리스 1》, 이성백 · 남영호 · 도승연 옮김, 라움, 2010.

_____, 《포스트메트로폴리스 2》, 이현재 외 옮김, 라움, 2019.

윤보라 · 정희진 · 임옥희 외, 《여성혐오가 어쨌다구?》, 현실문화, 2015.

프루던스 채벌린, 《제4물결 페미니즘: 정동적 시간성》, 김은주 · 강은교 · 김상애 · 허주영 옮김, 에디투스, 2021.

Faludi, Susan, *Backlash: the underclared war against American women*, New York: Crown, 1992.

Haraway, Donna, Modest_Witness@Second_Millenium.Femaleman©_ Meets_OncoMouse™, London:Routledge, 1997.

Kristeva, Julia, *Powers of Horror*, NY:Columbia University Press, 1984,

Lefebvre, Henri, *The Urban Revolution*, trans. by Robert Bononno, London: Minneapolis, 2003(original 1970).

Olalquaga, Celeste, *Megalopolis: contemporary cultural sensibilities*, Minnesota: University of Minnesota Press, 1992,

Rottenberg, Catherine, *the Rise of Neoliberal Feminism*, London: Oxford University Press, 2020.

Soja, Edward W., *Postmetropolis: Critical Studies of Cities and Regions*, London:Blackwell, 2000.

Stringer, Rebecca, *Knowing Victims*, London: Routledge, 2014.

《대한민국 정책브리핑 블로그》, 2020.12.19. 〈법무부 정책 블로그 기자단 13기 지원글 (디지털성폭력)〉 https://blog.naver.com/deak2005/22217 9217244

《e-나라지표》, 2021.05.25., 〈인터넷 이용률〉, http://www.index.go.kr/ potal/main/EachDtlPageDetail.do?idx_cd=1346.

《브릿지 경제》. 2020.08.18. 〈앱애니, 코로나19에 글로벌 '모바일 앱 소비 시장' 폭발적 증가〉, https://post.naver.com/viewer/postView.nhn?memb erNo=11255530&volumeNo=29123007.

디지털 시대 성폭력과 시각의 광기

유서연

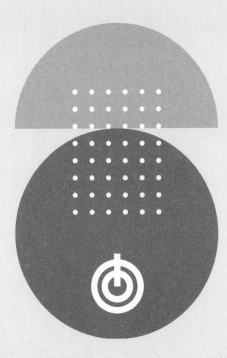

이 글은 《시각의 폭력: 고대 그리스부터 n번방까지 타락한 감각의 역사》(도서출판 동녘, 2021)과 《여/성이론》 제44호(2021년 여름)에 게재된 원고 〈n번방〉을 수정 및 보충한 것이다.

들어가며

몇 년 전 공중파의 한 다큐멘터리 프로그램에서 한 어머니가 VR 장비를 쓰고 가상현실을 통해 어린 나이에 세상을 등진 딸의 아바타를 만나는 장면을 연출했다. 제작진은 혈액암으로 갑작스레 세상을 떠난 딸의 목소리를 재현하기 위해, 1분 정도밖에 녹음되어 있지 않은 목소리를 기본 데이터로 삼고, 비슷한 또래 아이 5명이 각 800문장씩 녹음한 10시간 분량의 데이터를 만들어 딥러닝(인공신경망 기반 기계학습) 과정을 준비했다. 또한 160대의 카메라를 원형으로 배치한 3D 스캔 부스에서 딸과 비슷한 모델의 얼굴과 몸을 활용하여 3D 모델을 만들고, 딸의 사진과 동영상을 바탕으로 얼굴과 체형·피부·표정·동작 등을 리터칭하여 딸의 아바타를 정교하게 구현했다. 이와 같은 디지털 기술과 인간의 그리움이 만나, 아이의 어머니는 마지막 순간에 미처 하지 못했던 사랑한다는 말을 하며 오열하였다.

여기 아직 젊은 한 과학자가 있다. 그는 루게릭병을 판정받고 점점 몸이 마비되어 가다 죽음에 이르는 시한부 인생이다. 그는 자신의 목소리와 얼굴이 마비되기 전에 클라우드에 자신의 목소리로 자신의 사상과 생각, 일상적인 대화법 등을 저장시키고, 자기의 분신인 아바타를 만든다. 그래서 자신이 죽은 이후에도 사람들이 언제든 이 클라우드에 접속해 채팅을 통해 그의 아바타와 대화할 수 있는 활로를 만들어 놓는다.

이와 같은 모습이 바로 4차 산업혁명 시대의 단면이 아닐까?

4차 산업혁명은 3차 산업혁명과의 단절이 아니라 연속성 상에서 이루어진다. 20세기 중후반에 대두한 3차 산업혁명은 컴퓨터와 인터넷 기반의 지식정보혁명, 혹은 '디지털' 혁명이라 불린다. 디지털 혁명은 모든 아날로그적 신호와 정보를 '0'(off)과 '1'(on)의 이진법 수치로 번역해 컴퓨터라는 기계가 인지할 수 있게 하는 '디지털화'를 바탕으로 한다. 또한 복잡한 절차와 노동을 컴퓨터 기계가 재현하도록 만드는 '프로그래밍' 기술을 통해 모든 것을 수량화해 수집 대상으로 전환하는 '데이터화'가 특징이다. 이를 바탕으로 컴퓨터와 컴퓨터를 연결시켜 빠르게 정보를 교환하는 20세기 후반의 인터넷 기술이 디지털 혁명의 정점을 찍게 된다.

이러한 3차 산업혁명 시대의 디지털 기술들을 발판으로, 현재 4차 산업혁명 시대가 도래하고 있다. 2016년 1월 다보스포럼에서는 4차 산업혁명 시대를 "디지털 혁명에 기반해 물리적 공간, 디지털적 공간 및 생물학적 공간의 경계가 희석되는 기술 융합의 시대"라고 규정했다. '초연결성', '초지능화'의 특성을 띠는 4차 산업혁명은 "사물인터넷, 클라우드 등 정보통신기술을 통해 인간과 인간, 사물과 사물, 인간과 사물이 상호 연결되고 빅데이터와 인공지능으로 보다 지능화된 사회로 변화"[1]시킬 것으로 예측된다. 위에서 제시한 두 사례, 즉 VR 장비를 통해 디지털 기술로 복원한 죽은 딸의 아바타를 만나거나, 죽음을 앞둔 과학자가 클라우드에

---

1 〈4차 산업혁명〉, 다음백과, https://100.daum.net/encyclopedia/view/47XXXXXX
   X185 (검색일: 2021년 3월 16일)

자신의 아바타를 만들어 두는 작업은 4차 산업혁명 시대, 물리적 공간과 디지털 공간의 경계가 무너지고 인간과 사물이 상호 연결되는 그 지점을 보여 주고 있다. 이제 모바일 환경과 인터넷 네트워크의 확대 아래 "시/공간을 초월해 연결성을 강화하고, 온/오프라인의 경계를 무너뜨리며 가상과 실재를 결합함으로써"[2] 우리의 삶은 커다란 변화의 국면에 서 있다.

그러나 이와 같은 초연결·초지능 시대는 장밋빛 미래로 점철되지만은 않는다. 예를 들면 메타버스 성범죄와 같은 신종 디지털 성범죄는 4차 산업혁명 시대 디지털 기술의 발달과 더불어 진화한 성범죄라 할 수 있다. 메타버스metaverse는 초월, 상위를 의미하는 영어의 접두사 '메타meta'와 우주를 뜻하는 '유니버스univers'의 합성어로, "인터넷 기반 증강현실과 가상현실 기술을 결합하여 물리적으로 형성되고 영속성을 갖는"[3] 디지털 가상의 3차원 공유 공간을 의미한다. 현재 '제페토' 등 메타버스 플랫폼에서 게임을 이용하는 사람의 60~70퍼센트가 18세 이하 아동이나 청소년들이다. Z세대인 이들은 성인에 비해 온라인과 오프라인을 넘나들며 이 둘 사이에 명확한 경계를 세우지 않으며, 자신의 아바타를 직접 커스터마이징하면서 아바타와 심리적인 일체화를 이룬다. 그런데 디지털 가상 3차원 공유공간에서 누군가 스토킹을 하거나 내 집 담벼락에

2 김소라, 〈디지털 자본주의와 성폭력 산업〉, 《여/성이론》, 41호, 2019, 17쪽.

3 〈메타버스〉, 다음백과, https://100.daum.net/encyclopedia/view/47XXXXXb2317 (검색일: 2022년 3월 12일)

성적인 낙서를 하거나, 게임 메시지로 특정 행동을 취하거나 특정 부위를 찍은 사진을 보내 달라고 하는 등의 메타버스 성폭력 사례가 늘어나고 있다고 한다. 문제는 아동이나 청소년들이 가상공간의 아바타와 현실의 나를 명확하게 구분하지 않기 때문에, 메타버스 성폭력을 당했을 경우 현실 세계에서 성폭력을 당한 것과 동일한 수치심과 공포감을 느낄 수 있다는 점이다.[4]

이러한 4차 산업혁명 시대 나타난 신종 성범죄는 어느 날 하늘에서 뚝 떨어진 현상이 아니라, 이미 기존의 온라인게임이나 채팅상에서 발생했던 온라인 성폭력이 진화해 온 것이다. 특히 아바타나 버추얼 유튜버[5]를 대상으로 찍은 영상과 사진 등을 이용해 만든 성착취물이 공유된다는 점에서, 메타버스 성범죄는 20세기 후반 등장하기 시작한 디지털 성폭력의 연장선상에서 같은 범주로 이해되어야 할 것이다. 또한 디지털 성폭력은 실재적이고 물리적 공간에서 일어나는 기존의 성폭력과 떨어뜨려서 생각할 수 없다. 어떤 공간으로 옮아갔는가의 문제일 뿐, 디지털 성폭력 역시 기존 성폭력과의 연관성 속에서 이해하고, 그것을 구조적으로 변혁하려는 의지 없이는 근절하기 힘든 문제이기 때문이다.

---

4   〈아바타에게 '특정 동작' 강요하고 녹화까지 하는 메타버스의 어두운 근황〉, 《스브스뉴스》, 2022. 2. 28.

5   컴퓨터 그래픽, 모션 캡처 등의 기술을 통해 가상 캐릭터를 만들고, 이 캐릭터를 통해 유튜브 등의 인터넷 방송을 진행하는 사람을 뜻한다. 일본에서 시작됐으며 대부분 애니메이션에 등장하는 여성 캐릭터의 모습을 하고 있다. 네이버 지식백과, https://terms.naver.com/entry.naver?docId=5707663&cid=43667&categoryId=43667 (검색일: 2022년 3월 30일)

디지털 성폭력의 역사와 양상들

디지털 성폭력은 카메라나 디지털 기기를 사용해 당사자의 동의 없이 성적인 목적으로 촬영, 배포하거나 보는 행위를 뜻한다. 호주와 미국의 연구자들 중 디지털 성폭력을 '이미지 기반 성폭력'이라고 부르는 이들도 있는데, 이들은 리즈 켈리Liz Kelly의 '성폭력 연속체' 개념을 빌려 와 "성행위의 동의 없는 촬영, 이미지와 영상의 합성 및 편집, 디지털 기기의 해킹 등"을 단편적인 사례가 아니라 연속된 사례로 본다. 즉, '이미지 기반 성폭력'이라는 용어는 이른바 '리벤지포르노' 등 여성에 대한 폭력적 이미지의 생산과 유포를 가부장제라는 연속성 속에서 파악하고 "남성적 폭력에 대한 여성의 경험 등을 더 잘 반영하기 위한 개념적 도구"라는 것이다.[6] 그렇다면 이들이 '이미지 기반 성폭력'이라고 부르는 디지털 성폭력은 한국의 역사 속에서 어떻게 진화했고, 어떤 양상으로 나타나고 있는가?

한국사이버성폭력대응센터가 2019년에 펴낸 《2020 한국 사이버 성폭력을 진단하다》에 따르면, 한국에서 디지털 성폭력은 1997년 설치되기 시작한 초고속 인터넷 회선과 함께 발달하기 시작했다. 그 이전에는 성적인 동영상을 구하기 위해 청계천 등으로 직접 나가야 했고, 동영상 유통업자와 이를 구매하는 소비자의 경

---

6 홍남희, 〈디지털 성폭력의 불법화 과정에 대한 연구〉, 《미디어, 젠더&문화》 33권 2호, 2018, 11쪽.

계가 비교적 명확했다. 그러나 2000년대 초반 초고속 인터넷 네트워크가 활성화되면서 불법촬영물들을 사고 파는 사이트들이 생겨났다. 이에 따라 영상을 직접 촬영해 온라인에 업로드하고, 동시에 다른 불법촬영물을 다운받아 소비하는 등 "성적 이미지의 생산, 유통, 소비 간의 경계가 무너지기 시작했다."[7]

1999년 개설되었다가 2016년 4월 폐쇄된 '소라넷'은 디지털 시대 새로이 등장한 성폭력과 불법촬영물의 온상이었다. 소라넷은 리벤지포르노 등의 성관계 동영상 유통뿐 아니라, 여성의 셀카나 사진 혹은 동영상을 두고 성적으로 능욕하는 게시판인 '육변기 게시판'을 활성화시켰다. 여성을 단순한 배설의 대상으로 보는 설정에서 볼 수 있듯이, 소라넷은 디지털 시대 이전에는 상상할 수 없는 갖가지 디지털 성폭력이 우리 일상에 광범위하게 퍼져 있음을 여성들에게 각인시켰다. 여성들, 특히 젊은 여성들이 '나 하나 조심하면 된다'는 생각만으로 도저히 이 성폭력에 맞설 수 없는 사태가 계속 벌어진 것이다. 여성들의 집단행동으로 소라넷은 폐쇄되었지만, 4차 산업혁명 시대에 접어든 지금, 소라넷보다 더욱 악랄하고 더욱 지능화되고 더 많은 초연결망을 갖추고 온라인과 오프라인을 넘나드는, 또 다른 형태의 소라넷과 디지털 성폭력 제작자와 유포자가 판을 치고 있다.

이에 현재 진행되는 디지털 성폭력의 양상을 몇 가지로 구분해

---

7 김소라, 〈디지털 자본주의와 성폭력 산업〉, 12쪽; 한국사이버성폭력대응센터 엮음, 《2020 한국 사이버 성폭력을 진단하다》, 2019, 24~26쪽 참조.

볼 필요가 있다. 첫째, 최근 '디지털 성폭력'이라는 용어로 대체된 리벤지포르노다. 이 형태의 디지털 성폭력은 피해자에게 이별을 요구받는 등 가해자의 개인적 원한에 따라 애인 또는 지인에 의해 자행되는 경우가 대부분이다. 그러나 최근의 디지털 성폭력은 단순히 사적 관계에 머무르지 않고 광범위하게 이루어진다. 리벤지포르노 역시 이른바 '도촬'(도둑 촬영) 형태로 몰래 촬영한 경우가 많지만, 피해자가 촬영에 동의한 경우도 있을 수 있다. 즉, 피해자가 촬영에는 동의했으나, 피해자의 동의 없이 촬영물이 온라인상에서 유포되는 경우가 있다. 이러한 점에서 '몰카' 혹은 '도촬'로 불리는 불법 촬영과 미세한 차이가 있다.

두 번째 유형의 디지털 성폭력은 당사자의 동의 없이 촬영하고 유포하는 '불법촬영'의 경우다. 일반적 의미의 물리적 성폭력은 피해자가 가해자와 안면이 있거나, 안면이 없어도 성폭력 피해 사실을 인지할 수 있으므로 즉각 신고가 가능하다. 그러나 이른바 '몰카'로 불리는 불법촬영의 경우, 나와 직접 접촉하지 않고 거리를 둔 불특정 다수가 유포된 영상을 보거나, 보면서 모욕하는 행위가 모두 포함되므로 피해자가 인지할 수 없는 경우가 많다. 예를 들어, 여자화장실이나 탈의실 구멍에 몰래 소형 카메라를 설치해 불법촬영을 하거나, 여성의 집에 설치된 IP 카메라를 해킹하여 일상생활 모습 등을 불법촬영해 유포하는 식이다.

세 번째 유형의 디지털 성폭력은 포토샵 프로그램을 이용해 피해 여성의 사진에 성적 이미지를 합성하거나, 성행위 동영상에 여성의 얼굴을 합성하는 등의 '딥페이크 포르노'다. 이 경우 "여성들이 자신의 SNS나 메신저 프로필에 올린 사진을 합성하거나 이를 여성을 모욕하는 글이나 허위 정보와 함께 유포하는 형태[8]를 띤다.

네 번째 유형은 여성을 상대로 한 강력범죄가 동영상 촬영을 동반해 온·오프라인에서 동시에 일어나는 '디지털 성착취'[9]이다. 이러한 유형이 처음 대두된 사건은 이른바 '버닝썬 사태'와 '정준영 단톡방' 사건이다. 이들은 클럽 등에서 여성에게 '물뽕'(무색, 무취의 분말이나 정제형태를 띠는 중추신경억제제 GHB)이 섞인 음료를 제공해 혼절시킨 후 집단성폭행을 하고, 이를 동영상으로 찍어 단톡방에 공유하는 악행을 저질렀다. 이보다 한 발 더 나아가, 더 악랄하고 체계적으로 이루어진 범죄는 텔레그램 대화방을 통한 성착취이다. 성착취물의 생산과 유포를 기업적으로 실행한 'n번방'이 대표적이다. 오프라인 성착취와, 이를 디지털 기기로 촬영해 온라인상에 유포·판매하는 성범죄가 결합한 것이 특징이며, 디지털 자본과 결탁하여 이루어진다. 특히 2020년 초봄 '박사방'의 주범 조주빈과 그 공모자들이 검거, 구속되면서 수면 위로 올라온 'n번방'은 사람들에게 큰 충격을 안겨 주었다.

n번방 사건은 2018년 하반기부터 2020년 3월까지 피해 여성들

---

8 김소라, 〈디지털 자본주의와 성폭력 산업〉, 16쪽

9 2020년 3월 n번방 사건이 일제히 언론에 보도되고 공론화되면서, 이러한 유형의 사건들은 '디지털 성착취'로 명명되고 있다. 또한 n번방 사건의 여파로 2021년 「아동·청소년의 성보호에 관한 법률」(청소년성보호법) 제2조가 개정되면서, 아동 청소년 대상 '음란물'이란 용어가 '성착취물'로 변경되었다(전윤정, 〈'n번방' 사건으로 본 디지털 성범죄 규제현황과 개선과제〉, 《이화젠더법학》 제13권 제3호, 2021, 4쪽 참조). 그리고 이 배경에는 '음란물'이나 '포르노'로 치부되던 불법영상물을 '디지털 성착취물'로 명명하고 성범죄로 인식시키려 했던, 디지털 성폭력에 대항하는 여성활동가들의 노력이 숨어 있었다.

을 협박하거나 유인해서 성착취물을 찍고, 이를 텔레그램과 디스코드 등 메신저앱을 이용해 유포하는 등 온라인과 오프라인에서 동시에 이루어진 신종 디지털 성착취 사건이다. '갓갓'이라는 닉네임의 가해자는 자신의 알몸이나 자위행위를 올리는 일탈계(일탈 계정)를 운영하는 여성들, 특히 미성년자들을 타깃으로 삼아 그들의 링크를 해킹해 신상정보를 얻었다. 그 후 그들이 찍은 영상을 가족과 학교에 유포하겠다고 협박해 성착취 동영상을 강제로 찍게 만들었다. 이렇게 만든 성착취 동영상은 '1번방'부터 '8번방'까지 8개의 텔레그램 대화방에 올려져 'n번방'으로 불리게 되었다.[10]

2019년 '갓갓'의 n번방을 모방해 제2의 n번방인 텔레그램 성착취 대화방들이 생겨났고, 이 중 가장 유명했던 방이 2019년 7월에 나타난 '박사' 조주빈이 만든 '박사방'이다. 박사방의 경우 무료로 운영되는 '맛보기' 대화방을 운영한 뒤, 각기 다른 금액을 책정한 3단계 유료 대화방을 운영하며 가상화폐로 거래했다. '맛보기' 대화방은 회원 수가 1만 명 정도로 추산되며, 유료 대화방까지 합하면 총 26만 명의 회원이 박사방에 있었던 것으로 추정된다. 유료 회원의 경우 등급이 높아질수록 '노예'로 불리는 여성이 신체나 성기를 훼손하는 등의 매우 가학적이고 잔인한 장면이 담긴 성착취 동영상을 시청할 수 있었다. 박사방 피해자 수는 확인된 것만 최소 74명이고, 그중 약 16명이 미성년자다.

n번방과 박사방, 그리고 다크웹 등에서 이루어진 성착취 산업

---

10 〈n번방 사건〉, 위키백과, https://ko.wikipedia.org/wiki/N번방_사건(검색일: 2022. 3. 16)

은 더 많은 수익 창출을 가능하게 하는 디지털 자본주의와 결탁하여 더욱 조직화되고 광범위해졌다. 박사방의 주범 조주빈이 2020년 9월 1일에 열린 재판에서 자신이 만든 성착취물을 '브랜드화'할 요량이었다고 진술한 것을 보면, 그가 적발되지 않았다면 더 큰 규모로 확장되었을 것으로 추측된다.[11] 또한 n번방의 주범들이 디지털 성착취를 별다른 죄의식 없이 자본주의 하의 커피 같은 상업적 브랜드로 인식하고 있었음을 알 수 있다.

다섯 번째 유형은 앞서 언급한 메타버스 성범죄처럼 3차원 가상공간에서 이루어지는 4차 산업혁명 시대의 신종 성범죄다. 이는 카메라나 디지털 기기를 사용해 당사자의 동의 없이 성적인 목적으로 촬영·배포하거나 보는 행위를 뜻하는, 이제는 고전적인 의미로 정의되는 디지털 성폭력의 범위를 넘어 디지털 가상공간 내 캐릭터인 아바타들 사이에서 일어나는 성폭력이다. 넓은 의미에서 사이버 성폭력이라 볼 수 있는 메타버스 성범죄는 그러나 아바타들이나, '아카라이브' 등의 인터넷 커뮤니티에서 유튜브 방송을 하는 버추얼 유튜버를 대상으로 영상·사진 등의 성착취물이 만들어져 공유된다는 점[12]에서 디지털 성폭력으로 분류될 수 있다. 앞서 말했듯이, 가상세계와 현실 세계 간의 구분이 명확하지 않은 아동이나 청소년들은 자신의 분신인 아바타가 성폭력을 당

---

11 〈조주빈, "성착취물 브랜드화 생각"…법정서 혐의 정당화〉, 《연합뉴스》 2021년 9월 1일자.

12 〈내 아바타 성폭력 당했어요"…메타버스에서도 사이버 성범죄 활개〉, 《매일경제》 2022년 3월 17일자.

했을 때 현실에서 성폭력을 당했을 때와 유사한 감정을 느낀다고 한다. 게다가 현재 주로 시각과 청각 위주의 메타버스 기술이 후각이나 촉각까지 포함하도록 발달한 상태에서 메타버스 성범죄를 당한다면, 피해자가 실제적으로 물리적인 성폭력을 당할 때와 마찬가지의 감정과 고통을 느낄 수 있다.

위에 열거한 다섯 가지 디지털 성폭력의 유형 외에 현재 코로나 펜데믹으로 인한 비대면 시대 통신 매체와 디지털 기술 · 기기의 발달과 맞물려, 앞으로 더 진화된 신종 성폭력이 추가될 수도 있다.

본다는 것의 폭력과 시각의 광기

그렇다면 디지털 성폭력이 다른 어떤 나라보다 한국에서 만연하는 현상은 어디에서 비롯되었을까? 이는 "세계에서 가장 앞서가는 정보통신기술ICT을 누리는 우리 사회의 밝은 면 뒤에, 다크웹 등을 통해 성착취물을 전 세계에 제작 · 유통하는 진원지라는 어두운 그림자를 드러낸 것"[13]이라고 할 수 있다. 그리고 이러한 현상은 성범죄에 유난히 관대한 한국의 사회 분위기와 그동안 약했던 법적 규제와 처벌의 영향으로 이해할 수 있다.

이처럼 약한 처벌도 문제지만, 사람들에게 커다란 충격을 안긴

---

13   〈추미애, "n번방은 '김학의, 장자연' 잘못된 처리가 낳은 참사〉, 《세계일보》 2020년 4월 20자.

n번방 같은 디지털 성폭력 사건을 처벌하기 위한 법적 근거가 미약한 현실도 문제가 되고 있다. 이와 관련해 정부는 관련 법규를 보충, 강화하고 있다. 2020년 개정된 「성폭력 범죄의 처벌 등에 관한 특례법」(이하 「성폭력처벌법」) 제14조에서는 "카메라 등을 이용해 수치심을 일으킬 수 있는 신체 등을 촬영 대상자의 의사에 반해 촬영하거나 그 촬영물을 '반포'하는 것"에 덧붙여, "대상자의 의사에 반해 촬영물을 성적 수치심을 유발할 수 있는 형태로 편집, 합성하고 그것을 반포하는" 딥페이크 포르노를 처벌 대상에 포함시켰다. 또한 국회는 2020년 4월 30일, 텔레그램 n번방과 같은 디지털 성범죄에 대한 처벌 수위를 강화하는 「성폭력처벌법」 일부 개정안을 통과시켰다. 불법촬영물을 소지, 구입, 저장한 사람은 물론 그것을 '본', 즉 시청한 사람도 처벌하는 내용이 그 골자이다.

뒤늦게나마 법이 강화되는 것은 환영할 만한 일이지만, 오늘날 한국에 만연한 디지털 성범죄 문제는 법적 규제가 강화된다고 해소될 수 있는 간단한 문제가 아니다. 초등학교와 중학교의 남학생이 스마트폰으로 '엄마 몰카' '여동생 몰카'를 찍고, 여학생 화장실과 기숙사를 불법촬영하고, 고등학교에서 온라인수업 도중 남성 성기 사진이 유포되어 여성 교사와 학생들에게 성적 불쾌감을 주기도 했다. 이들은 자신과 동영상을 공유하는 몇몇 친구들의 '재미'를 위해 디지털 성범죄를 저지른다.

이러한 행위가 타인에게 위해를 가하는 명백한 폭력임을 인식하지 못하고 그에 대한 충분한 교육도 받지 못한다면, 이들은 더욱 큰 자극과 '재미'와 금전을 위해 성착취물을 재유포하거나, 심지어 성착취물 채널을 상업적으로 운영하는 데 이를 수 있다. 일례로 n번방 사건이 터진 후, n번방을 모방해 텔레그램에서 아동, 청소년 성착취물을 수집한 뒤 방 입장료를 받고 판매한 고등학생들이 경찰에 적발되었다. 또한 텔레그램에서 디스코드 대화방으로 옮겨 아동, 청소년 성착취물을 유포한 중고생 등 남성 10명이 경찰에 검거되었다. 또 다른 채널 운영자 중에는 2019년 범행 당시 초등학생이었던 만 12세의 촉법소년이 있었다. 또한 채널을 직접 운영하지 않고 일대일 대화 방식으로 아동, 청소년 성착취물을 '재유포'한 7명 중 1명 외에는 모두 12~17세의 미성년자였다.

이제 한국에서는 고전적 의미의 관음증이 4차 산업혁명 시대 디지털 성범죄와 결합해 하나의 거대한 성착취물 산업을 형성하고 있다. 이러한 시대, 성범죄를 저질러도 양심의 가책을 느끼지 않는 사회 분위기에 편승해 미성년자들이 소형 카메라나 스마트폰 등의 디지털 기기로 성범죄를 저지르는 것은 너무나 쉬운 일이 되어 버렸다. 이러한 상황에서 단순히 '디지털 성범죄를 저지르면 벌을 받는다'는 식의 상벌체제로만 디지털 성범죄를 근절할 수 있을까?

2021년 4월 29일 《경향신문》과의 인터뷰에서 한국 사이버성폭력대응센터 서승희 대표는 n번방 사건은 디지털 성범죄의 심각성을 깨닫는 계기였지만, 역으로 범행 방법을 널리 공유하고 학습하는 계기로도 작용했다며 우려의 목소리를 냈다. 그는 "디지털 성범죄를 세상에 알리고 문제를 해결하기 위해 활동하면서도 어느 순간 '다른 방식의 사회적 학습이 이뤄지고 있는 것 아닌가'라는 생각이 들 때가 있다"고 말했다. 즉, "가해 행위를 기획하는 사람은 '아, 저런 방법으로 사람을 괴롭히거나 고통스럽게 할 수 있구나'라는 잘못된 방식의 학습을 할 수 있다"며 "누군가를 결박하거나 협박할 때 이전보다 더 쉽게 (성착취를) 촬영·유포하는 일을 떠올릴 수 있는 역작용이 있다"고 우려했다.[14] n번방 가해자들은 10대 청소년부터 30대까지 다양한데, 이들은 인터넷을 통해 디지털 성범죄 범행 방법을 쉽게 학습할 수 있었다. 특히 10대 청소년들이 아무런 죄책감이나 거리낌 없이 불법촬영물, 성착취물을 '소비'하고 '유포'하는 배경에는 온라인을 통해 기존의 왜곡된 남성 중심적 성문화를 필터링 없이 자연스럽게 습득하는 현실이 있다.

이러한 맥락에서 볼 때, 디지털 성폭력 문제를 해결하기 위해서는 강력한 법 처벌과 동시에, 아주 어릴 때부터 이루어지는 성인지 감수성 교육, 디지털 기기 사용자의 윤리의식 정립 등이 병행되어야 할 것이다. 무엇보다도 필요한 교육은 타인의 의사와 관계없이 보고 찍고 전송하고 업로드하는 것이 왜 '재미'가 아니라 '폭력'인가를 인식시키는 것이다. 불법촬영물을 소지·구입하는 것뿐만이 아니라 '보는' 것도 폭력이며, 불법촬영을 '보는' 사람이 있기에 불법촬영물이 끝없이 사고 팔린다는 것, 이러한 불법촬영물들이 한 번의 클릭만으로 끝없이 재생산되며 '보이는 자'에게 영원한 고통을 안겨 준다는 것을 각인시켜야 한다. 따라서 단순히

---

14 〈"n번방 자료 판매 중" 성착취물은 여전히 팔리고 있다〉,《경향신문》 2021년 4월 29일자.

'안 걸리면 그만'이라는 인식을 심어 줄 수 있는 상벌체제를 넘어서, 내가 상대방에게 위해를 가했을 때 상대방이 고통을 느낄 수 있다는 것을 인지하고 멈출 수 있는 공감 능력을 향상시키는 교육이 필요하다. 결국 우리가 카메라 앞에 있는 피사체를 어떤 태도로 바라보아야 하는가라는 문제가 제기될 때, 그것은 철학과 윤리의 문제가 된다.

이러한 맥락에서 다음 장에서는 '본다는 것'의 폭력을 철학의 맥락에서 파헤치고자 한다. 디지털 초연결시대, 지워도 지워도 끝없이 나타나는 여성과 아동에 대한 폭력적 이미지들의 범람, 그 뒤에서 하나도 놓치지 않고 끝없이 보고 끝없이 소비하겠다는 수천, 수만, 수억 개의 광기 어린 눈들. 현재 광범위하게 퍼지는 디지털 성폭력의 저변에는 여성을 비롯한 타자를 시각적으로 대상화하고 통제하려는 시각중심주의의 광기라는 매우 오래된 문제가 도사리고 있다. 왜 이 시대에 '보는' 것이 문제가 되고 있으며, 그것은 왜 폭력을 동반하는 걸까? 대체 '본다'는 것은 무엇이며, 시각이 왜 다른 감각에 비해 더 폭력적으로 변질되었는지를 서양철학의 역사가 배태한 관조와 관음증, 그리고 그 배후에 있는 '현전의 형이상학'을 추적하면서 살펴볼 것이다.

디지털 성폭력과 '보는' 것의 폭력을 다루면서 서양철학에서 시각의 문제를 논하는 것이 의아할 수도 있다. 그러나 렌즈 연구에 따른 시각문명의 발달이 서구에서 이루어졌으며, 우리가 서구에서 카메라나 디지털 기기를 그대로 들여오면서 카메라 렌즈의 관조와 관음증적 시각 역시 그대로 받아들였고, 이것이 성범죄에 관대한 한국의 문화와 결합하면서 디지털 성폭력의 폭발적 증가로 이어졌다고 볼 수 있다. 디지털 성폭력은 대상과 거리를 두고 무사심無私心하고 중립적으로 바라보는 서구의 관조 전통 배후에 있는 '현전'으로 바라봄, 즉 존재를 무시간적인 지금의 시점에서 인지·포착하는 '눈앞의 대상'으로 바라보는 서구 전통 철학의 시각 경향과 긴밀한 연관이 있다. 이러한 맥락에서 서구 전통 철학에서 시각에 대한 논의로 거슬러 올라가, 시각의 폭력의 근원을 파헤칠 필요가 있다.

시각의 특권과 현전의 형이상학

서구의 전통에서 오감 가운데 시각과 청각처럼 주체와 대상 사이에 일정한 공간적 거리나 시간적 거리를 갖는 감각은 고급 감각이자 인식 기능을 갖춘 남성적 감각으로 간주된 반면, 촉각·미각·후각과 같은 접촉감각은 인식 기능이 현저히 떨어지거나 없는 저급한 감각이자 여성적 감각으로 여겨졌다. 특히 미각과 후각은 감각적 탐닉이나 즐거움과 관련되며, 인식적 기능이 없는 동물적 감각으로 간주되었다.[15]

　이러한 맥락에서 서구 사상의 근본이 되는 두 갈래 전통에서는

15 　캐롤린 코스마이어, 《페미니즘 미학 입문》, 신혜경 옮김, 경성대학교출판부, 2004, 160~163쪽 참조.

'듣다'와 '보다'가 중요한 위치를 점했다.《구약성서》에 나타나는 고대 히브리 전통에서 '본다'는 것은 항상 이미 듣는 행위에 의해 예정되어 있었다. 일례로《구약성서》에 등장하는 많은 선지자들에게는 신의 계시를 '듣는' 행위가 두드러진다. 이와 반대로 고대 그리스 전통에서 사유의 모든 확실성은 가시성에 토대를 둔다. 그리스적 사유에서 '듣는 것'은 진리가 아니며 구속력이 없는 의견, 즉 개념적인 참된 인식이 아니라 의견인 독사doxa의 전달을 의미했다.

한스 요나스Hans Jonas는《시각의 고귀성》에서 그리스 사상에서 드러난 시각적 편향과, 가장 고귀한 감각으로서의 시각을 다음과 같이 정리한다. 첫째, 시각은 "다른 감각들보다 시간적 흐름을 덜 드러내기 때문에, 역동적인 변화보다는 정적인 존재를 승격시키는, 즉 덧없는 외양보다는 고정된 본질을 높게" 평가하는 경향이 있다. 그래서 파르메니데스부터 플라톤에 이르는 시각중심적인 그리스철학은 무시간적이며 불변하는 영원한 존재를 강조한다. 둘째, 그리스의 시각중심주의는 주체와 대상 사이의 공간적 구분을 바탕으로 하며, 이처럼 외재적인 대상을 바라보는 관찰자의 응시는 대상에 직접적으로 개입하지 않고 중립적이다. 셋째, 시각은 먼 거리에 있는 것을 파악하게 함으로써 무한성에 대한 그리스적 사유가 나타나게 되었다.[16]

그리스 사상에 드러난 시각에 대한 한스 요나스의 두 번째 정의에서, 대상과 거리를 두면서 우리에게 영향을 미치지 않는 대상

---

16 마틴 제이, 《눈의 폄하》, 전영백 외 옮김, 서광사, 2019, 49~50쪽.

에 직접 개입하지 않고 무사심하게 바라보는 '관조' 개념이 나온다. 마틴 제이Martin Jay에 따르면 '관조theoria', '이론theory', '극장theater'은 동일한 어근을 공유한다.[17] 고대 그리스의 원형극장에서 공연되는 비극을 몰입해 바라보는 고대 그리스인들을 떠올려 보자. 배우과 관객은 분리되어 있고, 관객은 공연에 어떤 개입도 하지 않은 채 거리감을 갖고 배우의 연기를 주의 깊게 바라본다. 이처럼 극장이라는 어원을 공유하는 '관조'는 관찰자가 사물과 거리를 두고 그 사물에 개입하지 않으면서 중립적·객관적으로 바라보고 탐구하는 '이론'의 어원이기도 하다.

이러한 관조에 대한 정의와 더불어, 시각에 대한 요나스의 첫 번째 규정은 고대 그리스에서 '본다'라는 의미가 현상적인 것을 보는 감각적 시각에서, 무시간적이고 고정된 존재의 본질을 바라보는 정신적 시각으로 변모해 가는 것을 보여 준다. 고대 그리스에서 존재자의 본질essentia은 각 사물을 고유하고 일정한 것이 되게 하는 형태나 모양새인 '에이도스eidos', 다시 말해 형상을 의미하기도 한다. 따라서 본질을 파악한다는 것은 모양새를 바라보는 것, 즉 무시간적이고 정적인 형상인 에이도스, 혹은 '이데아idea'를 바라보는 것이다. 보는 행위에서 궁극적으로 참된 본질과 실재인 이데아를 인식하고 파악할 수 있다는 것이다. (플라톤에게 같은 의미를 지니는) 이데아와 에이도스는 '본다', '안다'를 의미하는 '이데인idein'에서 파생되었다. 따라서 그리스인들이 '본다'라는 말을 사

17　마틴 제이, 《눈의 폄하》, 28쪽.

용할 때 그 이면에는 '안다', '깨닫다'라는 인식적인 의미가 있다. 이처럼 고대 그리스에서 시각은 무시간적인 본질로서의 형상을 보고 인식하는 '정신의 눈'이 된다.[18]

그런데 한스 요나스가 말한 그리스에서 시각의 첫 번째 특징과 두 번째 특징은 서로 긴밀하게 연관되어 있다. 그리스 존재론에서 이데아idea, 에이도스eidos, 테오레인theorein은 같은 뿌리에서 나온 것으로 서로 연관되어 있으며 정신적 시각의 우위성을 나타내는 말들이다.[19] 관조의 시선이 포착하는 것은 현재화된 형상eidos, 즉 형태나 모양새로, 그것은 바라보는 자의 눈앞에 고정되어 시간의 흐름이 제거된 무시간적인 것이다. 이것이 플라톤에게 있어서 '영원인 이데아', 즉 과거, 현재-미래로 연결되는 시간의 흐름이 제거된 '영원한 지금'이 된다. 또한 현재와는 달리 신장성을 지니지 않은 '지금'에 우위에 두고, 시간을 지금의 연속으로 파악하는 아리스토텔레스의 시간관 속에서 존재는 '지금, 여기에 있는 것'으로서의 현전Anwesen이 된다. 현전은 시간의 흐름이 배제된 채 지금의 시점에서 인지·포착할 수 있는 존재자, 즉 '눈앞의 대상'이다.

하이데거Martin Heidegger는《현상학의 근본문제들》에서 사물의 본

---

18 고대 그리스에서부터 시작된 서구 형이상학은 이처럼 '정신의 눈', 즉 지성적 시각에 특권적 위치를 부여했다. 이를 비관적으로 고찰한 데리다Jacque Derrida는 서구 형이상학이 "그 첫 번째 단어들을 말하기 시작할 때부터 시각과 인식을 연관시킨다"고 말한다. 그에 따르면 서구 형이상학에서 등장하는 시각이란 생물학적으로 주어진 신체적 감각이 아니라 훈련된 지성적 시각이며, 더 나아가 철학에 의해 수립되었고 동시에 철학을 수립하는 가공물에 지나지 않는다는 것이다(데이비드 마이클 레빈,《모더니티와 시각의 헤게모니》, 정성철·백문임 옮김, 시각과 언어, 2004, 389쪽 참조).

19 마르틴 하이데거,《현상학의 근본문제들》, 이기상 옮김, 문예출판사, 1994, 163쪽 참조.

질essentia의 다른 이름, 즉 존재자의 존재자성인 우시아ousia가 "철학적 · 이론적 용어로서의 확고한 의미를 이미 지니고 있었던 아리스토텔레스 시대까지만 해도 소유물, 소유 상태, 재력을 동시에 지칭하고 있었"음을 드러낸다.[20] 집과 마당과 같은 부동산처럼 눈앞의 대상으로서 "마음대로 다룰 수 있는 재산, 소유물이 단적으로 존재하는 것"[21]이 그리스어의 우시아라는 것이다. 눈앞에 존재하고 있는 것이 일상적 경험에서는 일차적으로 존재하는 것이고, 존재자의 존재자성인 우시아 역시 이러한 기원을 갖는 것으로서, 지금, 여기 바로 눈앞에 있어서, 내가 그 대상을 소유하고 처분할 수 있음을 의미한다. 이러한 맥락에서 하이데거는《형이상학 입문》에서 우시아를 실체Substance라고 번역하는 것은 우시아의 근본 의미를 상실하는 것이며, 이보다는 현전Anwesen이라고 번역할 것을 권장한다.[22]

하이데거는 이처럼 아리스토텔레스 이후의 존재론은 존재를 시간의 흐름이 사상된 눈앞의 존재자로 '현전'하는 것으로 바라보았고, 그것이 서구 형이상학을 지배하는 원천이 되었음을 지적한다. 데리다Jacques Derrida는 이러한 하이데거의 '현전'에 대한 비판을 이어받아, 전통 서양철학을 바로 '현전의 형이상학'이라고 규정한다. 데리다는 하나의 철학적 인식 모델로 작용하며 철학을 수립하

---

20 마르틴 하이데거,《현상학의 근본문제들》, 163쪽

21 마르틴 하이데거,《현상학의 근본문제들》, 162쪽

22 마르틴 하이데거,《형이상학 입문》, 박휘근 옮김, 문예출판사, 1994, 103쪽.

는 시각의 근원을 추적하면서, 철학적·정신적 시각의 특징이 존재를 시간의 흐름이 제거된 '지금, 여기'에 있는 눈앞의 대상으로 바라보는 '현전으로 바라봄'에 있다고 본다. 그리고 이러한 현전의 형이상학은 필연적으로 고대 그리스의 시각 전통인 '관조'와 공생 관계로 얽혀 있다. 즉 서구 철학에서 관조의 배후에는 존재를 '현전'으로 바라보는 전통 서양철학의 시각 경향이 있음을 간과해선 안 될 것이다.

고대 그리스철학의 '관조'(테오리아)는 내 눈앞에 지속적으로 고정된 형상만을 무사심하게 주시하는 것이다. 이는 점점 이러한 형상을 감각적인 "질료에 부과하고 각인함으로써 이 질료를 장악하려는 의지"가 되어 갔다.[23] 이러한 지배 의지는 확실히 보는 것으로서의 시각적 지배를 불러일으키며, 이는 현전의 형이상학에 그 뿌리를 두고 있다. 내 눈앞에 놓여 있는 것으로서 지금, 여기에 현전하는 것만이 시각을 통해 개념적으로 파악할 수 있는 것이 되고, 그 개념적 파악을 통해 뜻대로 다루고 지배할 수 있는 것이 되기 때문이다. 이러한 맥락으로 데리다는《목소리와 현상》에서 서구 전통 형이상학의 역사가 "존재의 현전적 제시인 앎이자, 존재자를 산출하고 모아들여 현전하게 함인 지배, 충만한 현전"[24]에 기대고 있다고 주장하며, '현전'이 서양의 학문과 이론에 내재된 지

---

23 자크 데리다, 〈옮긴이 해제: 철학적 구도의 가능성〉,《목소리와 현상》, 김상록 옮김, 인간사랑, 2006, 180쪽.
23 자크 데리다, 〈옮긴이 해제: 철학적 구도의 가능성〉,《목소리와 현상》, 김상록 옮김, 인간사랑, 2006, 180쪽.
24 자크 데리다,《목소리와 현상》, 154쪽.

디지털 시대 성폭력과 시각의 광기 |

배 의지의 원천임을 암시한다.

하이데거의 관점에서 볼 때, 이처럼 서구 형이상학을 지배한 '현전'이 가장 정점에 오른 것은 근대에 접어들면서이다. 근대인들은 세계를 인간의 날카로운 도구적 이성의 시각을 통해 분석·해부해야 할 것으로 파악한다. 근대성에서 시각적 장을 비추는 배경 조명은 한정되며, 시각은 눈앞에 고정된 '지금, 여기'에 있는 현재로서의 대상에만 강도 높게 초점을 맞추는 하나의 눈길로 협소화된다.[25]

이러한 맥락에서 하이데거는《세계상의 시대》에서 과학기술 문명이 기반을 둔 근대의 주관성과 표상적 사유가, 이처럼 대상을 눈앞에 '현전'하는 것으로 일으켜 세워 지배하려는 의지와 맞물려 있음을 보여 준다. 이 저작에서 하이데거는 우리가 어떤 상을 갖게 되었을 때, 그것은 우리 마음속에 떠오르는 어떤 것이라고 말한다. 다시 말해 우리가 무언가를 이해한다고 말할 때 실제 이해하는 것은 '보는 것'으로, 그 무엇을 우리를 위해 우리 앞에 놓인 '상'으로 이해한다. 그리고 이 '상'은 세계에 대한 단순한 이미지가 아니라, 우리 앞에 놓인 어떤 것으로 이해되는 세계 자체이다. 하이데거는 이러한 '세계상의 시대'가 바로 근대이며, 이는 "모든 것을 자신 앞에 세워진, 즉 표상된 것vorgestellt, 대상적인 것으로 파악하는 시대"라고 말한다.

'표상Vorstellung'이란 기억에 의해 상이 재생된다는 뜻이다. 동시

25　데이비드 마이클 레빈,《모더니티와 시각의 헤게모니》, 340쪽.

에 그것은 앞vor-세움-stellung, 즉 우리 앞에서 스스로를 명백히 드러내며 지금으로서 현전하는 어떤 대상Gegenstend, 다시 말해 우리 앞에 마주 서 있는 그러한 대상으로서 사물을 간주한다는 의미이다.[26] 사물을 '우리 앞에 서 있는 것'으로 간주하는 근대에 접어들어, 사물들이 그 앞에서 드러날 수 있는 '광경'이 되는 동시에, 자신의 의지에 따라 그 존재들을 이용하고 처분할 수 있다는 주관성 개념이 탄생한다. 대상이 내 앞에 다시 보여야, 즉 내 '앞'에 '세워져야' 대상을 꿰뚫어 이용하고 처분할 수 있다. 이렇듯 시각을 통해 이용·지배하기 위해 사물을 내 눈앞에 현전시키고 대상화하는 근대에는 기술로 조직된 전 지구적 제국주의가 탄생하게 된다.

이러한 맥락에서 데이비드 레빈David Michael Kleinberg-Levin은 시각이 "우리의 모든 지각 양상들 중에서 가장 사물화하는 경향이 강한 것"이라고 주장한다. 시각은 사물들을 명백히 눈앞에 현전하는 것으로, 우리가 연구하고 이용하려 할 때 언제나 접근 가능한 대상으로 세계 내에서 지각하는 양식이다. 레빈은 "불가피하게' 시각에 내재하는 권력 충동(보려는 욕망의 중심부에서 나오는 것으로서, 우리 주위의 세계를 드러내고 지배하려는 경향)을 바라보며, 완벽한 시각성에 대한 충동은 사물에 대한 완벽한 통제 욕망과 결과적으로 똑같아진다고 말한다."[27] 레빈은 이러한 충동과 욕망을 근대 세계

---

26 데이비드 마이클 레빈, 《모더니티와 시각의 헤게모니》, 153쪽; 마르틴 하이데거, 〈세계 상의 시대〉, 《숲길》, 정성철·신상희 옮김, 나남, 2003, 154쪽 참조.
27 데이비드 마이클 레빈, 《모더니티와 시각의 헤게모니》, 163쪽.

디지털 시대 성폭력과 시각의 광기 |

에서 '시각의 헤게모니'로 명명하며, 이를 근대의 사회 · 경제 · 정치 생활에 작용하는 권력에 대한 의지와 관련시킨다.[28] 그리고 이는 근대의 정치적 감시뿐만 아니라 전 지구에 대한 과학적 · 기술적 착취로 뻗어 나간다고 본다.

레빈이 칭한 '시각의 헤게모니'는 근대 유럽을 중심으로 한 백인 남성의 제국주의적 시각과 관련된다. 이는 유럽의 백인 남성이 아닌 여성, 유색인종과 같은 다른 타자와 소수자를 모두 통제하고 눈앞에 두려는 근대적 시각이다. 이러한 근대 시각중심주의는 플라톤 이후의 서구 전통 형이상학을 수립하는 동시에, 그것에 의해 수립되고 가공된 정신의 눈, 즉 지성적 시각의 한 갈래라고 할 수 있다. 이러한 근대의 시각 헤게모니는 파노라마의 등장과 함께 '모든 것을 보고자 하는' 근대인의 시각 광기로 나아간다.

모든 것을 보고자 하는 근대인의 광기

3차원적인 광경을 2차원적인 평면으로 만드는 전방위적 풍경으로서의 파노라마가 등장한 계몽주의 시대에는 시각의 특권을 의심하지 않았고, 계몽주의 시대 철학자들은 '이성의 빛' 속에서 사물들을 보려는 경향이 있었다. 이 시대 추구되는 명증성과 합리성은 무엇보다 시각과 밀접한 연관이 있었다. 따라서 몽테스키외Charles

---

28 데이비드 마이클 레빈, 《모더니티와 시각의 헤게모니》.

De Montesquieu, 장 자크 루소Jean-Jacques Rousseau와 같은 계몽주의 사상가들이 시각의 문제에 천착한 것은 당연한 결과라고 할 수 있다.

계몽주의 시대의 시각중심주의는 태양왕 루이 14세의 탄생으로 거슬러 올라간다. 마틴 제이Martin Jay에 따르면, 당시 사회적 위계를 뚜렷이 구분하도록 고안된 세련된 궁정의례의 과시는, 거리를 두지 않는 접촉감각인 후각과 촉각을 평가절하하고 더 거리감이 있는 시각을 선호했다. 이러한 맥락에서 군주의 이미지는 "시각적 경로로 싸인 거대한 연결망의 중심"이었다.[29] 판유리와 안경, 거울, 실내조명 등이 발달한 17~18세기에는 2만 4천 개의 양초가 밝히는 정원과 베르사유궁전의 반사되는 거울들 한가운데 왕이 존재했다. 17세기 프랑스의 극작가 코르네유Pierre Corneille가 연극에서 묘사하는 그 왕은 "신과 같은 모든 빛의 원천, 모든 것을 볼 수 있는 눈, 거울 같은 반사적 정체성을 지닌 인물"[30]로 간주되었다. 그는 절대적 시선을 지닌 자이며 태양과 같이 신적인 심판의 눈을 지닌 자였다. 이처럼 모든 것을 볼 수 있는 신적인 시선이 계몽주의 시대의 눈이다. 계몽주의를 의미하는 프랑스어 '뤼미에르Lumière'가 '빛'을 의미하듯, "계몽과 이성의 시선은 인식의 원천으로서의 눈과 태양을 동등하게 간주"할 만큼, 시각을 특권화하고 절대시했다.[31]

몽테스키외와 같은 18세기 계몽주의 사상가는 이러한 시각적

---

29 마틴 제이, 《눈의 폄하》, 80쪽.

30 Martin Jay, *Downcast eyes*, London: University of California Press, 1994, p. 89.

31 토마스 엘새서 · 말테 하게너, 《영화이론》, 윤종욱 옮김, 커뮤니케이션스북스, 2013, 183쪽.

특권 속에서 가능한 한 광대한 광경을 한눈에 보려는 신적 눈의 관점에서 오는 쾌락, 즉 파노라마적인 전지적 시각의 쾌락을 추구했다. "그에게 명증성은 보기의 한 즐거움이다. 특히 고전적 덕목인 합리성과 명증성은 지식의 한 타입일 뿐만 아니라 행복의 한 유형이다. 그것들은 희미해질 때까지 멀리 시야를 배치하고 형상을 장악하는 것을 보장한다."[32] 마틴 제이에 의하면 몽테스키외의 탁 트인 파노라마적 시각은 이른바 "패인 둑claire-voie(영어로는 'ha-ha'라고 불렀다)이 설치된 귀족층 시골 별장의 넓고 세련된 전망에 비유될 수 있다. 이는 가축이 저택에 다가가지 못하게 만든 둑이면서 동시에 시야를 가리지 않는, 울타리보다 도랑에 가까운 것이었다."[33] 이처럼 농민이나 가축 등 불필요한 타자와의 접촉을 삼가고 더 멀리, 더 많은 대상을 한눈에 보려는 욕망에서 비롯된 근대의 파노라마적 시각은 가능한 한 멀리까지 인간의 영역을 확장하는 것을 의미하므로, 시각은 대상과 거리를 두고 그것을 관찰하고 파악하며 장악하고 소유하는 경향을 띤다. 보는 것은 곧 소유하는 것이다.

　나는 이처럼 신과 같이 모든 것을 한눈에 보려는 경향을 '근대(남성)의 광기'라고 명명하고자 한다. 모든 것을 보려는 자가 모든 것이 보이는 자를 감시하는 이 근대적 광기의 형태는 푸코Michel Foucault가 《감시와 처벌》에서 말한 파놉티콘panopticon에서 실현된다.

32　마틴제이, 《눈의 폄하》, 90쪽.
33　마틴제이, 《눈의 폄하》, 134쪽.

영국의 공리주의자 제러미
벤담Jeremy Bentham이 설계한
근대적 감옥인 파놉티콘은
'두루'라는 뜻의 'Pan'과 '본
다'는 뜻인 'Opticon'이 결
합한 용어이다. 이 원형감
옥은 죄수가 머무는 A구역
의 조명을 밝게 하고, 간수
가 머무는 F구역을 어둡게
한다. 빛에 노출된 죄수들
은 간수의 활동을 살필 수
없고, 항상 간수의 시선에

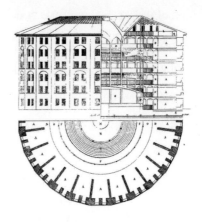

벤담이 그린 파놉티콘
A구역이 죄수가 머무는 옥사이고, F구역은 간
수가 머무는 감시구역. G구역이 죄수들이 침범
하지 못하도록 하는 물웅덩이다.

노출되어 자신이 감시당한다는 사실을 내재화한다. 반면 어두운
곳에 있는 간수는 환한 빛에 노출된 죄수들의 일거수일투족을 모
두 볼 수 있고, 모두 감시할 수 있다.[34] 이 '일망감시시설'에서 '보
이는 자'는 모든 곳에 시선이 편재함을 느끼며 감시의 시선을 내
재화하고, 이 전지전능한 시선에 규제받는다. 반면 '보는 자'는 모
든 것을 한눈에 살피고 볼 수 있는 근대의 시각중심주의적 이성의
광기를 드러낸다.[35]

34 미셸 푸코, 《감시와 처벌》, 오생근 옮김, 나남, 1994, 296쪽 참조.

35 이러한 광기가 실현되는 공간이 근대적 의미의 감옥이나 고문실, 혹은 정신병동이다. 벤
    담이 제안한 파놉티콘 구조를 보여 주는 대표적 건축물 중 하나가 서대문형무소이다.
    1908년 일본인 건축가 시텐노 가즈마四王天數馬가 설계한 한국 최초의 근대식 감옥인

디지털 시대 성폭력과 시각의 광기 |

이처럼 모든 것을 바라보고자 하는 근대인의 욕망과 광기는 렌즈 연구로 촉발된 근대 시각문명 발달과 함께 본격적으로 등장한 관음증과 결합한다. 인간의 시각이 지닌 불완전함을 보완해 주는 렌즈를 이용한 기구들이 발달하면서 더 멀리, 더 정확히 볼 수 있게 되자 근대의 시각문명은 급속도로 발전해 나갔다. 그러나 렌즈는 관음증적 시선을 증폭시키는 도구가 되기도 했다. 더 멀리 더 정확하게 여성의 모든 것을 몰래 훔쳐보고 알고자 하는 근대 남성의 시각적 욕망은, 망원경을 거쳐 카메라가 등장했을 때 그 정점에 이르렀다. 카메라는 안경, 돋보기, 망원경, 현미경 등 렌즈를 이용한 그 어떤 기구들보다도 대상을 객체화하며 몰래 훔쳐보는 관음증적 시각을 유발하는 데 적합했다. 무엇보다도 현재 여성에 대한 불법촬영 등에 이용되는 것이 카메라 렌즈다.

경성감옥(서대문형무소)은 원래 1층 옥사로만 이루어져 있었다. 하지만 3·1운동 이후 넘쳐나는 수감자를 수용하기 위해 1920년대 초에 2층 옥사가 만들어졌다고 한다. 2층은 T자형으로, 복도 천장에 채광창을 설치해 2층 난간에서 1층 옥사가 한눈에 들어오도록 만들었다. 즉, 2층 옥사는 수감자들의 동태를 살피며 감시하고 통제하기 위해 만들어졌다고 볼 수 있다. 수감자들이 볕을 쬐거나 간단한 운동을 했던 격벽장은 서대문형무소 안에서도 전형적인 파놉티콘 형태의 건축물이다. 이는 '부채꼴 모양'의 원형 구조로, 운동할 때 대화하거나 도주하는 것을 막기 위해 벽을 세워 수감자들을 분리했다. 수감자들은 간수나 다른 수감자들을 보지 못하지만, 가운데의 높은 감시대에 있는 간수는 수감자들을 한눈에 모두 볼 수 있다.

카메라 렌즈는 처음에는 고정된 외눈으로 외부 대상과 연루되지 않은 채 바라보는, 관조적으로 응시하는 눈을 만들어 냈고, 이는 장시간 앉아 기다려야 하는 초기 사진 작업에서 더욱 뚜렷하게 나타났다. 카메라 옵스큐라를 모델로 해 탄생한 초기 카메라의 시각은 깜빡이는 두 눈을 통해 실제적인 공간을 보는 것이 아니라, 눈꺼풀 없이 응시하는 "딱딱하고 건조한 눈", 탈신체화된 눈을 통해 기하학적 공간을 바라보는 원근법적 응시의 절정을 이루었다. 그러나 대상에 대해 아무런 윤리적 책임도 지지 않으며, 대상과 거리를 둔 채 그것과 연루되지 않는 카메라의 관조적 시선은, 곧 대상에 대해 어떤 책임도 지지 않은 채 은밀하고 탐욕스럽게 피사체를 지배·통제·착취하기 위해 거리를 두고 몰래 바라보는 관음증으로 변모해 갔다.

이제 먼 거리에 있는 피사체를 바로 내 눈앞에 '현전'시키는 망원렌즈로 몰래 훔쳐보는 것은 고적적인 의미의 관음증이 되어 버렸다. 대한민국의 집, 학교, 직장, 공공화장실, 탈의실, 수영장, 공공시설들을 포함해 도처에 숨어 우리의 일거수일투족을 몰래 훔쳐보는 소형 카메라 렌즈가 불법촬영에 이용된다. 그리고 각종 온라인 사이트나 플랫폼에 업로드되면서 불법촬영물 속 여성들은 보는 자의 눈앞에 시간이 제거된 채 파편화된 몸의 형상으로 '현전'한다. 이처럼 디지털 시대 성폭력과 함께 '현전의 형이상학'이 부활하고 있다.

디지털 시대, 현전의 형이상학의 부활

푸코에 따르면 파놉티콘은 수감의 형태였던 감옥의 기능을 근대적인 감시의 기능으로 바꾸어 놓았다. 푸코는 파놉티콘의 건축 형태를 사회구조의 시선권력과 비교해, 권력과 가시성을 결합시켰다. 현대에 접어들어 파놉티콘은 일상 속에 편재한 CCTV를 통한 감시와 통제 같은 다양한 형태로 발견된다. 근대적 의미의 광기는 이제 현대의 디지털 시대에 더욱 교묘해지고 잔악해지며 더 널리 편재한 형태로 진화한다. 그 광기는 모든 것을 객체화해 통제할 수 있으며, 이러한 시선의 권력에서 벗어나려는 타자의 움직임이 엿보이면 언제든 시각적으로 폭력을 행사할 수 있다는 신과 같은 자만심이다. 현 시대에 이는 드론을 띄워 남의 집 아파트에서 일어나는 사적이고 내밀한 부분까지 남김없이 모두 보려는 광기로 나타나기도 한다.

더욱이 디지털 시대에 횡행하는 불법촬영, 즉 디지털 성폭력은 푸코가 제시한, 사회구조의 시선권력이 내포된 파놉티콘의 단순 변종 중 하나로 바라보기 힘들 만큼 잔인하게 변모해 갔다. 파놉티콘은 어둠으로 둘러싸인 중앙감시탑과, 언제든 빛에 관통되어 보이는 유치장 간의 공간 분리를 통해 가동된다. 이때 죄수는 시선의 집중적인 통제 대상이 되지만, 감시자 시선의 중심점에서 벗어나면 더 이상 중앙감시탑의 시선에 포섭되지 않는다. 또한 현대의 파놉티콘이라고 할 수 있는 CCTV도 CCTV 카메라를 돌려놓거나 혹은 부수거나 녹화본을 지워 버리면 더 이상 피사체가 감시자의 시선에 포섭되거나 통제되지 않을 수 있는 가능성이 있다. 반면 불법촬영을 통한 디지털 성폭력은 "현실 공간에서의 불법도 촬이라는 실제적 가해 행위의 집적물이 사이버 공간이라는 가상 공간에서 디지털 비트bit로 전환되어 분산적 그물망으로 이동함으로써 시선의 불평등 배치와 탈중심성이 동시적으로 발생"하게 된다. 이러한 측면에서 디지털 성폭력이란 "물리적 공간의 제한성을 넘어, 사이버 공간이라는 비정형적 무제한성과 이어져" 있기에 가시성의 한계가 없다.[36]

디지털 성폭력의 시선은 시 · 공간을 초월해 언제 어디서나 끝없이 나타나는 전능성과 편재성을 띠고 피해자를 쫓아다닌다. 불법촬영물은 웹상에서 아무리 삭제해도 좀비처럼 살아나 "불특정 다수의 가해자들이 촬영 기기만이 아니라 외장하드나 USB 등의 물리적 저장 매체 및 클라우드와 같은 사이버 저장 공간에 다운로드한 피해 영상을 다시 업로드할 시, 피해 상황이 끊임없이 반복 · 양산되는 구조"를 갖는다.[37]

몇 번의 클릭으로 타자화된 여성의 신체 이미지는 그가 존재하든 존재하지 않든, 혹은 그 존재가 우리가 알 수 없는 그 무엇이라 할지라도 항상 지금 부활하며, 눈앞의 대상으로서 "시간의 흐름이 제거되어 지금의 시점에서 인지하고 포착할 수 있는" 존재자인 '현전'이 된다. 이러한 맥락에서, 존재를 연속선상의 시간성이 제

---

36 윤지영, 〈디지털 매트릭스의 여성착취 문법〉, 《철학 연구》, 122집, 2018, 101~102쪽.
37 윤지영, 〈디지털 매트릭스의 여성착취 문법〉, 95쪽.

거된 '지금', '여기' 눈앞의 대상이나 형상으로 마음대로 다루고 처분할 수 있는 것으로 바라보는 '현전의 형이상학'이 디지털 시대에 부활한다. 디지털 시대에 '현전의 형이상학'은 컴퓨터 연산에 근거해 모든 것을 '0'(off)과 '1'(on)의 2진법 코드로 번역함으로써 컴퓨터 기계가 인지할 수 있게 하는 디지털화, 그리고 모든 것을 수량화해 정보 수집의 대상으로 전환하는 데이터화를 거쳐 더욱 생생히 부활하고 시·공간을 장악해 나간다.

디지털 시대에 접어들어 여성의 몸은 단 몇 번의 클릭으로 과거와 미래도 없고 영혼도 없는, 그래서 실재하지 않고 단지 이미지나 형상으로만 존재하는 비틀리고 파편화된 몸으로 끝없이 재현된다. 그 여성의 의식 속에 살아 숨 쉬던 과거와 그 지평 아래 펼쳐질 미래에는 아무도 관심이 없다. 영화 속에서 관음증적이고 가학적인 방식으로 노출된 할리우드 스타의 경우, 온전히 '가십거리'일 뿐이더라도 약혼반지가 공개될 때는 과거의 남성 편력과 함께 미래의 남편과 어느 보금자리에서 어떤 신혼의 단꿈을 꿀지에 대한 가벼운 이야기가 회자된다. 그러나 디지털 성폭력의 대상이 되는 여성들의 경우 아무도 그들의 미래나 과거에 관심이 없고, 말하지도 않는다. 피해자들이 어떤 사람이었고 어떤 인격을 지녔는지 아무도 관심이 없다.

하나의 불법촬영 영상은 남성들의 비틀린 성욕을 분출하고 여성을 능욕하는 여러 제목의 영상으로 유포되고, 사고 팔리며, 수많은 컴퓨터와 스마트폰에서 끝없이 재생된다. 이렇게 지금 여기의 컴퓨터 화면 속에서 현전하며, 조롱의 대상이 되어 사디즘적으로 처벌받는다. 수백 년 전 여성의 누드화를 그린 화가가 지인에게 그 모델을 자신의 정부라고 자랑했던 것처럼, 30여 년 전 남성들이 '재미'를 위해 여성의 나체 사진과 섹스 비디오를 돌려 보았듯이, 디지털 시대의 남성들은 스마트폰 단톡방에서 시간이 사라진 디지털 성착취물을 끝없이 돌려 보며 서로의 유대를 확인한다. 이러한 행태는 지금은 폐쇄된 소라넷 육변기 게시판에서 오늘날 n번방의 성착취물 공유로 이어진다

앞서 열거했듯이 '보는 폭력'은 그 역사가 오래되었지만, 디지털 시대가 도래하면서 최근 20년만큼 시각적 성폭력이 난무한 시대가 없었다. 이러한 시대에 여성들은 세상에 존재하는 모든 카메라를 박살 내야 할지도 모르겠다고 말한다면 너무 과도한 주장일까? 그렇지 않다 하더라도 이제는 시각중심적이며 남근중심적인 이성의 질서를 전복하고 새로운 감각지각의 필요성을 제시해야 할 때가 다가오고 있다. 지금은 광기 어린 남근적 눈으로서의 카메라 렌즈가 아니라 여성을 비롯한 타자 그 자신들을 위한 카메라가 필요한 때가 아닐까?

새로운 시각은 가능한가? : 촉각적 시각의 가능성

앞서 언급했듯이, 렌즈와 카메라의 발달과 결합하여 나타난 여성의 모든 것을 관찰하고 훔쳐본다고 간주되는 관음증적 시각은 디지털 시대의 성폭력과 결합하여 거대한 성착취 산업을 형성한다.

이 시각은 파악할 수 없는 미지의 것이나 과잉적인 어떤 것을 제거하며, 여성을 남근적 욕망의 투사에 따라 포착되고 알 수 있는 대상으로 환원한다. 이러한 의미에서 관음증적 시각은 주체가 보고 싶어 하는 것만 보는 시각이며, 여성의 영혼이나 정신과는 상관없이 여성을 아름다운 얼굴, 가슴과 엉덩이라는 물화되고 객체화된 형상으로 바라보는 시각이다. 이러한 의미에서 관음증적인 남근적 시각은 '(여성의) 모든 것을 응시한다'고 착각하지만, 사실 '모든 것을 본다'는 것은 '아무것도 보지 못하는 것'을 뜻한다.

이러한 관음증적 시각의 대안 감각으로서 이리가레Luce Irigaray와 같은 여성 철학자는 '촉각'을 제시한다. 이리가레는 《성차의 윤리學Ethique de la différence sexuelle》의 〈살의 보이지 않음: 메를로퐁티의 《보이는 것과 보이지 않는 것》, "얽힘, 키아즘에 대한 독해"〉에서 메를로퐁티Maurice Merleau Ponty의 살la chair의 존재론을 수용하면서 그의 살의 개념에 여성적인 것과 모성적인 것의 차원을 부여한다. 여성적인 것과 모성적인 것의 메타포로 이리가레는 감각적 매개le medium sensible, 문턱seuil, 점액질le muqueux 등의 용어를 사용한다. 시각으로 확인되지 않지만 실재하는 여성의 성기나 자궁은 살보다 훨씬 내밀한 점액질로 이루어져 있다. 비록 보이지 않지만 이는 밖에서 안, 안에서 밖으로 이행하는 문턱이며, 시각을 통한 통제와 착취 그 너머에 있다.

이처럼 항상 타자와 거리를 둔 상태에서 관음증적으로 타자를 소유하고 점유하려 하며 자신에게로 흡수하거나 "게걸스럽게 집어삼켜 버리는"[38] 남근시각중심적인 광기와 달리, 이리가레가 제시하는 촉각적인 것은 탄생 이전의 주체와 사물들을 감싸는 어머니의 살, 재생산, 양막과 태반과 같이 주체와 객체가 서로 교환되며 넘나드는 것이다. 어머니의 살, 자궁 안에서 촉각은 원초적으로 시각에 선행하며, 시각의 원초적 근원이 된다.

그러나 이러한 여성적-모성적인 것의 망각 속에서, 즉 어머니와의 첫 번째 접촉을 다시 이룰 수 없는 버려진 상태와 고독 속에서 초월적인 빛으로서의 신이 나타난다. 신은 항상 시각적 빛으로 나타나지만, 만질 수 있는 행복으로 상상되지 않는 존재이다. "이러한 행복이 제거된 것으로서 신은 항상 고통 속에서 접촉하지, 기쁨이나 행복 속에서 접촉하지 않는 신으로 생각될 것이다. … 그것은 결코 나를 감싸고 둘러싸며 들어 달래는 신이 아니다."[39]

이 같은 신은 초월적 형이상학에 상응하지만 신체적인 것에는 부합되지 않는다. 그렇다면 신은 나의 신체를 죄지은 채로 남겨 두기 위해 나를 창조했는가라고 이리가레는 반문한다. 여성이 선악과의 나무를 건드리고, 그 나무의 열매를 건드리고, 그 열매를 맛보았다는 것에서 촉각적인 것 그 자체는 금지되고, 그로부터 선과 악, 흰색과 검은색, 빛과 어둠, 남성과 여성, 정신과 몸이라는 이분법이 생겨난다. 그것은 살의 행복과는 낯선 과학과 인식론을 만들어 내고, 촉각을 관조와 관음증적인 시각 아래 복속시키면서

---

38 Luce Irigaray, *Ethique de la différence sexuelle*, Edition de Munuit, 1983, p. 24. 참조.
39 Luce Irigaray, *Ethique de la différence sexuelle*, p. 153.

열등하고 저열한 감각으로 치부하는 결과를 낳는다. 이러한 살의 접촉을 금기시하고 추방하는 서구 기독교와 철학의 전통에 강력히 반발하며, 이리가레는 문턱이자 통로이자 입술로서 주객이 서로 교환되는 여성적-모성적인 것과 촉각적인 것을 복권하고 재전유할 것을 촉구한다.

이러한 이리가레의 촉각의 존재론의 기반 위에서, 우리는 남성적 시각 체계를 전복하고, 그 안에 타자를 끌어안는 (은유적 의미의) 여성적 · 촉각적 시각의 가능성을 사유할 수 있을 것이다. 우리는 어떤 시각과 렌즈로 폭력과 착취의 관음증을 탈피해 카메라 뒤에 설 수 있을까? 그것은 여성, 이방인, 유색인종과 같이 검은 어둠으로 표상되는 타자를 자신 안으로 복속시켜 버리는 초월적 빛이 아니라 공감과 연대의 빛, 폭력적인 자기동일성의 고독에 머무르는 빛이 아니라 어둠을 포용하는 빛, 내 안에 여성을 비롯한 타자를 끌어안는 새로운 촉각적인 빛 속에 거주할 때 가능하다.

빛이란 무엇인가? 그것은 종교적으로는 초월적이고 신적인 광휘일 것이고, 과학적으로는 파동이자 입자인 그 무엇일 것이다. 그러나 빛을 우리 몸을 초월하는 신적인 무엇이나 과학적인 파동 또는 입자로 보지 않고, 지금 내 옆에 공존하며 손으로 만져 알 수 있는 촉각적 실체로 바라본다면, 즉 어둠을 배제하고 타자를 단죄하는 것이 아니라 어둠과 공존하고 타자와 얽혀 드는 실체로 바라본다면, 그러한 빛의 어울림을 만들어 내는 카메라를 통해 우리는 여성적 시각, 촉각적 시각 역시 창출할 수 있을 것이다. 이는 우리 옆에 실재하며 공존하는 빛 속에서 우리가 카메라의 피사체를 어떤 태도로 바라보는가 하는 문제이다. 즉, 피사체와 거리를 두며 대상화·통제·착취하는 것이 아니라, 그 옆에서 공존하고 공감하려는 태도 속에서 여성적 시각, 촉각적 시각의 가능성이 열릴 것이다.

로라 마크스Laura U. Marks는《영화의 피부》에서 이러한 촉각적 시각성에 부합한 영화로 트린 민하Trinh Minh-ha의 다큐멘터리 작품들을 꼽는다. 그 작품들은 시각중심적 재현주의 영화처럼 바라보는 자가 그 대상에 대해about 말하지 않는다. 이 작품들은 몸과 분리된 시각이 거리를 두고 대상을 바라보면서 여성을 비롯한 타자를 객체화·통제하려는 서구적인 시각중심적 패러다임과 기존의 민족지학적 시각성에 대한 통렬한 비판이기도 하다. 이러한 차원에서 "촉각적 시각성이란 대상을 고립화시키거나 대상에 초점을 맞추는 것보다는 단순히 그들과 공존하는 경향이 있다." 트린 민하가 1982년에 발표한 다큐멘터리 〈재집합Reassemblage〉에서처럼, 그러한 시선은 "그녀가 촬영하는 대상에 대해서about가 아니라, 그 옆에서nearby 말하는 것에 상응"하는 여성적 시선이다.[40]

이처럼 피사체 옆에서 공존하고 공감하며 그 내부로 들어가 접촉하는 여성적, 촉각적 시각의 가능성은 베르그손Henri Bergson적 의미에서의 직관적 시각에서 영감을 받아 가져올 수 있다. 베르그손은《사유와 운동체》에서 '직관'을 "정신에 의한 정신의 직접적인 봄

---

40   Laura U. Marks, *The skin of the Film*, Duke University Press, 2000, p. 164.

디지털 시대 성폭력과 시각의 광기 |

la vision immediate"[41]으로 정의한다. 직관은 "공간이나 언어나 개념의 매개 없이 정신의 흐름과 접촉하며, 더 나아가 일치la coïncidence"[42]하는 시각이다. 이처럼 직관적 시각은 "사물의 주위를 돌며" 사물 내부에 들어가지 못하고 그 외적 관계만을 파악하는 과학적인 분석적 시각, 즉 지성l'intelligence의 시각과 달리 대상과 가까운 나머지 그것과 직접 '접촉'하고 '일치'하는 촉각적 은유를 통해 이해되는 시각이다. 더 나아가 그것은 "사물의 내부로 들어가 어떠한 관점도 기호도 취하지 않으며, 관계와 비교를 버리고 실재와 공감하고자 하는"[43] 시각이다.

여기서 베르그손이 말하는 직관적인 봄이란 시간을 초월하는 것이 아니라, 근대 과학이 설정한 등질화·공간화된 시간과 공간에서 벗어나 진정한 의미의 시간 안에서, 즉 지속la durée의 흐름 안에서 바라봐야 함을 일컫는다. 즉, 직관은 외부적·공간적 병렬이 아니라 시간적인 연속을 그 운동성 속에서 파악하는 것이다. 이러한 의미에서 베르그손의 직관적 시각은 무사심하게 대상의 형상이나 모양새를 바라보는 전통 철학적인 '관조'와는 다르다. 직관은 단지 자기성찰적으로 "조는 목동, 흐르는 물을 보듯" 자신의 삶을 응시하거나 외부적 대상의 형상을 응시하는 것이 아니라, "대상의 내부로 일치해 들어가는 표현할 수 없는 운동"이며, 그 대상

41 Henri Bergson, *La pensée et le mouvant*, P.U.F., 1955(1934), p. 27.

42 Henri Bergson, *La pensée et le mouvant*.

43 Henri Bergson, *La pensée et le mouvant*, p. 178

의 내부와 합치하는 '공감la sympathie'의 능력이다. 이러한 의미에서 베르그손의 직관은 대상의 개별적 형태부터 시작해 그 보편적 형태를 직관하는 후설Edmund Husserl의 본질직관, 즉 시간의 흐름이 제거된 채 눈앞에 현전하는 대상의 형태나 모양새를 파악하는 '현전의 형이상학'의 정점에 있는 직관과도 거리가 있다.

이처럼 베르그손 자신이 직관을 "정신에 의한 정신의 직접적인 봄"이라고 규정하고 있음에도 불구하고, 베르그손의 직관적 시각은 서구 전통 철학적 의미에서의 '정신의 눈'과는 차이가 있다. 베르그손이 직관을 통해 직접적으로 보는 '정신'이라고 규정하는 것이 서구 전통 철학의 이성이 아니라, 타인의 의식, 그리고 생명에까지 확대된 의미를 갖는다는 점에서 더욱 그러하다. 베르그손에게 직관이란 나 자신의 의식이나 타인의 의식, 그리고 생명의 내부로 단번에 들어가 그 내부에서부터 접촉하며 공감하려는 시각이다.

넓은 의미에서의 직관은 생명을 향한 공감의 능력이다. 베르그손에 따르면 본능 역시 직관과 마찬가지로 공감의 능력이며 생명을 향한 경향이다. 예를 들어 조롱박벌은 귀뚜라미에게 세 쌍의 다리를 움직이지 못하게 하는 세 개의 신경중추가 있음을 알고 있는 듯 행동한다. 조롱박벌은 본능에 따라 귀뚜라미의 목 밑, 앞가슴 뒤쪽, 배 밑쪽을 찔러 마비시킨 후, 그것을 먹는다. 이처럼 "조롱박벌과 그 먹이 사이의 공감은 안쪽에서" 귀뚜라미의 취약점을 지시해 준다.[44] 그리고 귀뚜라미의 취약점에 대한 조롱박벌의 이

----

44 Henri Bergson, *L'Évolution créatrice, Oeuvres*, P.U.F., 1970(1907), p. 175.

러한 감각은 외적인 지각에 의지하지 않으며, 직관처럼 안에서부터 파악한다. 그러나 본능은 직관과 달리 이해관계가 있는 사물만을 포착한다. 이에 비해 직관은 "이해를 떠나서, 대상 그 자체를 의식하고, 그 대상에 대해 반성하고, 무한하게 넓어지게 된 본능"[45]이다. "직관은 우리와 다른 생명체 사이에 자리 잡은 공감하는 교류에 의해, 그리고 그것이 우리의 의식으로부터 획득하는 확장에 의해, 우리를 생명의 고유한 영역으로 인도할 것이다."[46]

이처럼 베르그손의 직관에서 영감을 얻을 수 있는 공감적 시각, 더 나아가 여성적이고 촉각적인 시각은 관음증적인 카메라 눈의 한계, 즉 탈신체화된 관조적 응시에 기반을 두고, 타자와 주체가 연루됨을 거부한 채 은밀하고 탐욕스럽게 타자를 지배·통제하기 위해 거리를 두고 바라보는 한계를 넘어서는 시각을 가능하게 한다. 이는 타자를 눈앞의 대상으로 '현전'시키며, "그가 자연을 자기 앞에 데려다 놓거나 맹금류처럼 갑자기 덮치면서, 그것을 지배하고 또 필요하다면 강간하는, 자연 앞에 영원히 열려 있는 딱딱한 눈"[47]이 아니다. 이는 여성을 비롯한 타자, 그리고 자연과 생명에 공감하고 공존하려는 시각이다. 자연에 대한 무분별한 개발로 심각한 기후변화와 바이러스가 창궐하는 코로나 시대를 넘어, 포스트코로나 시대가 도래할 때 이러한 시각이 필요한 게 아닐까? 이

45 Henri Bergson, *L'Évolution créatrice, Oeuvres*, p. 178.
46 Henri Bergson, *L'Évolution créatrice, Oeuvres*, p. 179.
47 마틴 제이, 《눈의 폄하》, 685쪽.

지점에서 공감적, 촉각적 시각은 에코페미니즘적 시각과 결합할 수 있는 하나의 가능성을 낳는다.

나가며

서구에서는 20세기 초까지도 살아 있는 동물 생체실험이 자행되었다. 이는 동물을 감각 기능이 없는 자동기계automat, 즉 '생명을 보유하고 있는 자연적 자동기계'와 마찬가지라서 고통의 감각을 느끼지 못한다고 바라보는 데카르트René Descartes의 기계론을 바탕으로 한 것이었다. 생명에 대한 데카르트의 기계론은 의대나 실험실에서의 동물 생체실험을 정당화시켰고, 이런 관점에서 동물은 시계와 같은 기계여서 동물이 지르는 비명은 작은 태엽의 소음일 뿐이라고 여겨졌다. 데카르트 당대에 그의 기계론에 대한 비판자들이 소수의 여성들이었던 것과 마찬가지로, 19세기 후반의 여성 참정권운동가들 역시 동물에 대해 깊은 유대감을 느꼈다.

19세기 후반의 성과학은 생명에 대한 수학적 기계 패러다임과 유사해서 생체실험자와 성과학자들의 연구 패턴은 비슷했다. 엘리자베스 블랙웰Elizabeth Blackwell 같은 여성 의사는 당시 우울증을 앓거나 여성참정권을 주장하는 젊은 여성들에게 행해진 난소절제술과 같은 산부인과 수술을 생체실험의 확장이라고 바라보았다. 이 시기의 생체실험이 동물의 육체들을 절개하기 위해 그것을 기계들로 전환한 것과 마찬가지로, 여성의 신체 역시 기계처럼 절개되고 해부되었다. 이러한 맥락에서 제1물결 페미니스트들, 즉 여성참정권 운동가들이 반생체실험 운동에 적극적으로 가담한 것은 우연이 아니다.

생체실험을 당하는 동물들에 대한 여성 참정권운동가들의 연민과 공감의 정서는 다른 피조물들의 살아 있음과 영혼을 존중하고, 그들이 우리와 동일한 통합된 장의 연속 속에서 존재한다고 이해하는 에코페미니스트들의 생명에 대한 관점과 시각에 많은 영향을 미쳤다. 그것은 기계적 세계관에서 탈피하여 연결을 중시하는 유기적 세계관에 기초한 생명에 대한 존중과 공감으로 귀결한다. 이러한 의미에서 앞에서 말한 여성적 · 촉각적 시각은 여성과 자연의 친연성 속에서 자연과 생명에 대한 보살핌과 공감, 그리고 상호의존성으로 나아가는 에코페미니즘적 시각과 결합 가능하다. 이 부분에 대한 논의는 차후의 연구에서 계속해서 밝혀 나가고자 한다.

자연과 생명에 대한 에코페미니즘적 공감과 존중을 기반으로 해야 할 포스트코로나 시대는 관음증적 시각과 디지털 자본이 결합한 디지털 시대의 성폭력을 해체하고 새로운 시각의 가능성을 모색해야 할 것이다. 이 시대는 더 이상 카메라 뒤에 서 있는 전지전능한 자, 카메라 앞의 여성을 비롯한 타자 그리고 자연과 생명을 착취하고 관음증적 눈으로 훑으며 지배하는 자를 필요로 하지 않는다. 우리는 결국 관조적인 지성적 시각에서 비롯되는 관음증적 시각이 아니라 다른 감각들, 특히 촉각과 통감각적으로 연결된 새로운 시각을 통해 카메라를 다시 들어야 한다. 또한 피사체가 되는 여성과 타자 옆에서 그들과 접촉하고, 그들을 자신 안에 끌어안는 여성적·촉각적 시각을 통해 우리 앞에 있는 카메라를 다시 들어야 하지 않을까? 그러한 새로운 카메라의 시선은, 위계화된 시선의 권력을 통해 지금, 여기, 눈앞에 현전하는 성애화된 이미지의 여성을 비롯한 타자의 형상과 모양새만을 응시하는 시선이 아니라, 그들의 영혼과 정신이라는 내부와 접촉하고 공감하는 능력 속에서 만개하는 시선이리라.

참고문헌

단행본

데이비드 마이클 레빈, 《모더니티와 시각의 헤게모니》, 정성철 · 백문임 옮김, 시각과 언어, 2004.

뤼스 이리가레, 《하나이지 않은 성》, 이은민 옮김, 동문선, 2000.

마르틴 하이데거, 〈세계상의 시대〉, 《숲길》, 정성철 · 신상희 옮김, 나남, 2003,

＿＿＿, 《현상학의 근본문제들》, 이기상 옮김, 문예출판사, 1994.

＿＿＿, 《형이상학 입문》, 박휘근 옮김, 문예출판사, 1994.

마틴 제이, 《눈의 폄하》, 전영백 외 옮김, 서광사, 2019.

미셸 푸코, 《감시와 처벌》, 오생근 옮김, 나남, 1994.

자크 데리다, 《목소리와 현상》, 김상록 옮김, 인간사랑, 2006

캐롤린 코스마이어, 《페미니즘 미학 입문》, 신혜경 옮김, 경성대학교 출판부, 2004.

토마스 앨새서 · 말테 하게너, 《영화이론》, 윤종욱 옮김, 커뮤니케이션스북스, 2013.

추적단 불꽃, 《우리가 우리를 우리라고 부를 때》, 이봄, 2020.

한국사이버성폭력대응센터 엮음, 《2020 한국 사이버 성폭력을 진단하다》, 2019.

Bergson, Henri, *La pensée et le mouvant*, P.U.F., 1955 (1934).

＿＿＿, *L'Évolution créatrice, Oeuvres*, P.U.F., 1970 (1907).

Derrida Jacque, "La mythologie blanche", *Marges de la philosophie*, Les edition de Minuit, 1972.

Gaard, Greta, *Ecofeminism-Women, Animals, Nature*, Philadelphia: Temple University Press, 1993.

Irigaray, Luce, *Ethique de la différence sexuelle*, Edition de Munuit, 1983.

Jay, Martin, *Downcast eyes*, London: University of California Press, 1994.

Marks, Laura U., *The skin of the Film*, Duke University Press, 2000.

논문

김소라, 〈디지털 자본주의와 성폭력 산업〉, 《여/성이론》 41호, 2019.

전윤정, 〈'n번방' 사건으로 본 디지털 성범죄 규제현황과 개선과제〉, 《이화 젠더법학》, 제13권 제3호, 2021년 12월.

윤지영, 〈디지털 매트릭스의 여성착취 문법〉, 《철학연구》 122집, 2018.

홍남희, 〈디지털 성폭력의 불법화 과정에 대한 연구〉, 《미디어, 젠더&문화》, 33권 2호, 2018.

인터넷 자료

〈"n번방 자료 판매 중" 성착취물은 여전히 팔리고 있다〉, 《경향신문》 2021. 4. 29.

〈"내 아바타 성폭력 당했어요" 메타버스에서도 사이버 성범죄 활개〉, 《매일 경제》 2022. 3.17,

〈추미애, "n번방은 '김학의, 장자연' 잘못된 처리가 낳은 참사"〉, 《세계일보》 2020. 4. 20.

〈아바타에게 '특정 동작' 강요하고 녹화까지 하는 메타버스의 어두운 근황〉, 《스브스뉴스》, 2022. 2. 28.

〈조주빈, "성착취물 브랜드화 생각"…법정서 혐의 정당화〉, 《연합뉴스》, 2021. 9. 1.

〈버추얼 유튜버〉, 네이버 지식백과 https://terms.naver.com/entry.naver?docId=5707663&cid=43667&categoryId=43667, (검색일: 2022년 3월 30일)

〈4차 산업혁명〉, 다음백과, https://100.daum.net/encyclopedia/view/47XXXXXXX185 (검색일: 2021년 3월 16일)

〈n번방 사건〉, 위키백과, https://ko.wikipedia.org/wiki/N번방_사건 (검색일: 2022. 3. 16)

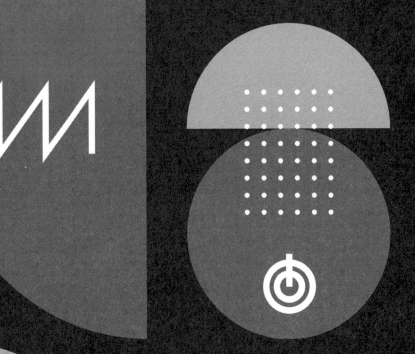

3부

디지털 문화에 함축된
혐오 현상

〔+사람〕 신어의 개념적 은유 속 수저계급론과 혐오 현상

정성미

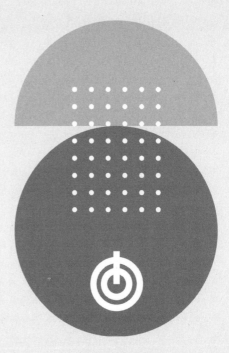

이 글은 《동악어문학》 86(동악어문학회)과 《어문론집》 89(중앙어문학회)에 수록
된 글을 수정, 보완한 것이다.

들어가며

'열 길 물속은 알아도 한 길 사람 속은 모른다'는 속담은 사람이 얼마나 파악하기 어려운 대상인지 잘 말해 준다. 사람을 아는 방법으로 그 사람이 사용하는 언어는 중요한 실마리를 제공한다.

'신어조작증'이라는 말이 있다. 그 사람만이 알 수 있는 새로운 단어와 구, 이미 있는 단어를 새로운 의미로 사용하는 증세를 의미하는데 정신분열병 환자에게서 볼 수 있다. 이 증세는 그가 사용하는 단어를 통해서 알 수 있다. 정신과학에서 환자의 언어는 그 환자의 상태를 나타내는 지표가 된다.

한 개인의 병리를 치료하기 위해서 그 사람의 언어를 통해 상태를 진단하는 것처럼, 한 사회도 그 사회에서 사용하는 언어를 분석함으로써 그 사회의 문화와 가치관을 알 수 있다(한국사회언어학회편, 2002:92). 한 사회의 병리적 모습이 그 사회가 사용하는 언어 속에 반영되어 있는 것이다.

특히 은유는 "한 종류의 사물을 다른 종류의 사물의 관점에서 이해하고 경험하는 것이다."(G.레이코프·M.존스, 2006:25). 인지언어학적 차원에서의 은유는 단순한 언어 표현의 문제가 아니라 사고, 개념 체계를 구성하고 규정한다. 은유적 언어 표현은 개념 체계 안에 있는 은유가 반영된 것으로, 은유적 언어 표현을 분석해서 은유적 개념의 본질을 탐구하고 활동의 은유적 성질을 이해할 수 있다(G.레이코프·M.존스, 2006:25).

은유는 신어 형성과 해석의 핵심 기제(김억조, 2020: 616)이기도 하다.

신어의 의미는 구성 요소의 합으로 결정되지 않고 인지 과정에서 구성되므로, 인지언어학적 관점에서 신어 분석이 이루어져야 할 필요성이 있다(김억조, 2020).

4차 산업혁명 시대 과학기술의 빠른 발전과 그로 인한 인간소외 현상이 예상되는 바, [+사람] 신어에 주목할 필요가 있다. [+사람] 신어란 사람의 의미 자질을 가진 신어로, [+사람] 신어를 통해 격변하고 있는 사회 문화, 사람에 대한 이해와 가치관을 살펴볼 수 있다.

이 글의 목적은 신어 중에서 [+사람] 신어에 포착되는 개념적 은유의 양상과 그 개념적 은유에서 부각되거나 은폐된 의미를 살펴보는 데 있다. [+사람] 신어에 인간의 모습이 어떻게 투영돼 있는지 개념적 은유를 통해 그 양상을 살펴보고, 부각되거나 은폐된 것에 대해 논의할 것이다.

이를 위해 2016~2019년 국립국어원 자료 속 [+사람] 신어를 1차 정리하고,[1] [+사람] 신어 중 개념적 은유를 살필 수 있는 신어를(107개) 2차 정리하였다(〈표 1〉 참조).

〈표 1〉의 신어는 모두 명사이거나 명사구이다.[2] 단어 구성과 구의 구성에 있어서 개념적 은유를 살펴보는 데는 크게 다르지 않으

---

1 [+사람] 신어 1차 조사 어휘는 아래 표와 같다. (423개)

2016	2017	2018	2019	합계
136	119	85	83	423

2 국립국어원의 《신어조사자료집》에 따르면 명사와 명사구의 비율은 99퍼센트 이상이다. 2016년 신어의 약 99.8퍼센트, 2017년 신어의 약 99.7퍼센트, 2018년, 신어의 99.1퍼센트, 2019년 신어의 99퍼센트가 명사 또는 명사구이다.

| 표 1 | **[+사람] 신어 은유**

연도	[+사람] 신어 은유	어휘 수	
2016	가방순이, 갓물주, 갓백수, 개린이, 계급 수저, 과즙상, 기후 채권자, 노슬아치, 대숲지기, 똥수저, 리터루족, 마이너스 수저, 먹스타, 먹요정, 무수저, 보라색 다람쥐, 보육 난민, 살찐 주말 병정, 설탕수저, 수저 세대, 수저 인능, 스몸비, 알파 신데렐라, 애테릴라, 여심 스나이퍼, 연기 어벤저스, 입구 라인, 잔디깎이맘, 잔업 난민, 진상 어벤저스, 집스타, 쩍먹충, 킬링 세대, 티슈 인턴, 펫가족, 펫맘, 피부깡패, 학옥살이, 호모 인턴스, 흙수저, 흙수저 계급, 흙수저 세대, 흙수저 학생	43	
2017	개사이다, 갯꿀러, 골드 삼촌, 골드 이모, 금대리, 꽃미남녀, 도서관 미어캣, 독서실 원시인, 랜선 집사, 마라마마, 법꾸라지, 부메랑 직원, 스좀비, 스펙타쿠스, 실버 워리어, 쓰랑꾼, 얼리 어먹터, 채권 난민, 카지노 미아, 팩력배, 팬텀 세대, 핑거 프린스, 호모 고시오패스, 호모 인턴, 호모 체어쿠스, 호모 스펙타쿠스, 흙턴	27	총 107
2018	강아지 집사, 라믈리에, 런예인, 물음표 살인마, 베그패커, 뽀시래기, 사무실 지박령, 소매넣기, 소비 요정, 쇼윈도 취준생, 시상사, 시한부 아이돌, 염전족, 잡학피디아, 정서적 금수저, 정서적 흙수저, 정주행 레이서, 쩜쩜쩜 살인마, 코린이, 통장 요정, 호모 에이아이시스, 흑우, 흑우	23	
2019	교과충, 귀족턱, 도둑 환자, 묘르신, 서우디, 소피커, 스텔스 자라니족, 제실기 부모, 주사 난민, 폰라니, 할스타, 호모 디스트쿠스, 호모 여의도쿠스, 훔친 수저	14	

므로 단어와 구를 구분하지 않고 다룰 것이다.

한국사회언어학회(2002:92)에 따르면, 특히 은유적으로 확장된 언어의 상징적인 내용은 복잡한 사회적 · 문화적 메시지를 전달하고 강화시켜 주는 기능을 하므로, 본 글은 [+사람] 신어 속 개념적 은유를 통해 부각되거나 은폐되어 있는 의미를 분석하여 사람과 사회의 부각되거나 은폐되면서 굴절된 모습을 살펴보고자 한다.

개념적 은유에 대한 이해

개념적 은유는 언어 표현으로서의 은유와 환유, 개념적 혼성 등과 다르다. 김동환(2004)에 따르면, 개념적 은유와 언어적 은유는 구별된다. 언어적 은유는 개념적 은유가 단어나 언어로 실현된 것을 의미한다.

개념적 은유는 은유적 사고를 의미하며 두 개의 개념적 영역, 곧 추상적이고 이해의 대상이 되는 목표영역target domain과, 구체적이고 비교의 대상이 되는 근원영역source domain이 있다. 예를 들어 〔인생은 여행〕, 〔인생은 길〕, 〔논쟁은 전쟁〕, 〔사랑은 여행〕, 〔이론은 건물〕에서 인생·논쟁·사랑·이론은 추상적인 목표영역이고, 여행·길·전쟁·여행·건물은 구체적인 근원영역이다.

근원영역이 물리적이고 구체적인 것은 실체가 있는 개념을 사용하는 것이 훨씬 이해하기 쉽기 때문이다. 이러한 물리적 세계에서의 경험이 토대가 되어 추상적인 목표영역을 이해할 수 있는 논리적 근거가 된다.

개념적 은유의 근원영역과 목표영역은 체계적 대응 관계를 보인다. 개념적 대응 관계가 이루어지는데, 이를 사상mapping이라고 하고 이 사상은 부분적이다. 예를 들어 〔논쟁은 전쟁〕의 개념적 은유의 부분성은 〔논쟁은 그릇〕, 〔논쟁은 건물〕, 〔논쟁은 여행〕과 같은 다양한 개념적 은유를 필요로 하고, 그렇게 특정한 면을 전경화한다. 그릇 은유는 논쟁의 내용을 부각시키고, 여행 은유는 논쟁의 진척과 내용을, 전쟁 은유는 논쟁의 주도권을, 건물 은유는 논쟁의 구조를 초점화한다. 이들은 부분성으로 인해 [논쟁은 전쟁]은 [논쟁은 그릇, 건물, 여행]에서 초점화한 논쟁의 영역을 은폐한다. 은유적 부각, 전경화는 은폐hiding 과정과 함께 이루어진다.

이 글에서는 개념적 은유를 통해 좀 더 고착되고 관습적인 의미에 초점을 맞추어 사회적 의미를 고찰하려 한다. 그러므로 이 글에서는 개념적 은유에 근거해서 신어의 개념적 은유 양상을 살펴볼 것이다.

[+사람] 신어의 개념적 은유 양상

은유는 유사성을 근거로 사회 문화적 의미를 표현할 수 있다. 그러므로 한 언어의 반복되는 은유를 분석하면 그 사회 구성원들의 현실 감각이나 세계관을 구성하는 개념을 알 수 있다(한국사회언어학회 편 2002: 80).

앞서 보았듯, 은유는 근원영역과 목표영역으로 구성되는데, 근원영역은 익숙하고 구체적인 것으로 경험된 영역이고, 목표영역은 추상적이어서 구조화되지 않은 경험이다(졸탄 코베체쉬, 2009: 31-34). 예를 들어 [논쟁은 전쟁]에서 논쟁은 근원영역이고, 전쟁은 목표영역이다. 논쟁과 전쟁은 부분적 유사성인 승패 · 공격 · 방어 등을 근거로 은유가 성립되며, 이는 논쟁에 대한 세계관을 보여 준다.

이 장에서는 [+사람] 신어에 보이는 개념적 은유의 양상을 세 가지 유형으로 나누어 살펴볼 것이다. 첫째 목표영역이 사람인 개념적 은유, 둘째 목표영역이 일부의 사람 또는 언어 · 인생인 개념

적 은유, 셋째 근원영역이 사람 또는 사람 관련인 생명·감정 등
인 개념적 은유이다.

(1)은 목표영역이 사람이고, 다양한 근원영역인 개념적 은유의
신어이다.

(1)㉠ 아재충, 찍먹충, 교과충

㉡ 도서관 미어캣, 보라색 다람쥐, 폰라니, 자라니족, 법꾸라지

㉢ 스몸비, 스좀비

㉣ 수구리

㉤ 갓물주, 갓백수

㉥ 흙수저, 금수저, 똥수저

㉦ 골드삼촌, 골드이모

㉧ 통장 요정, 소비 요정

㉨ 호모 에이아이시스

㉩ 잡학피디아

㉪ 사무실 지박령, 팬텀 세대

㉫ 제설기 부모, 소피커

㉬ 컬링 세대

(1)㉠은 '아재', 찍어 먹다의 '찍먹', '교과'가 〔-충〕과 결합된 파
생 형태이다. 그 의미[3]를 통해서 〔사람은 벌레〕라는 개념적 은유

---

3 찍먹충: 탕수육을 먹을 때 소스에 찍어 먹는 사람을 낮추어 이르는 말.

가 반복되고 있음을 볼 수 있다. (1)ⓒ의 도서관 미어캣⁴은 도서관 등에서 소리에 민감하게 반응하는 사람을 미어캣에 비유한 것이다. 보라색 다람쥐, 폰라니, 자라니족, 법꾸라지에서는 다람쥐, 고라니, 미꾸라지가 각각 사람을 비유한 것을 볼 수 있다. (1)ⓒ의 신어는 [사람은 동물]라는 개념적 은유를 반복적으로 보여 주고 있다. (1)ⓒ의 스몸비, 스좀비는 모두 고개를 숙인 채 걸어가면서 스마트폰을 사용하는 사람을 비유적으로 이르는 말로, 스마트 좀비를 뜻한다. (1)ⓒ 신어의 개념적 은유는 [사람은 좀비]이다. (1)ⓒ 수구리⁵는 몸을 숙인 모습을 의미하는 것으로, 몸으로 사람 전체를 비유한다. 이는 환유에 해당한다. (1)ⓜ의 개념적 은유는 [사람은 신]이다. 두 신어에서 '갓'의 의미는 경제력과 연관되어 건물주에 대한 높은 평가를 반영하고 있다. 갓백수는 백수 자신의 경제

아재충: 사회 구성원을 이루는 남성 가운데 중년기에 있는 사람을 통틀어 이르는 말.

교과충: 대학 입시에서 교과우수자 전형으로 선발된 입학자를 낮잡아 이르는 말.

4   도서관 미어캣: 도서관이나 독서실 따위에서 작은 소리에도 민감하게 반응하는 사람을 비유적으로 이르는 말.

보라색 다람쥐: 직무를 수행하기 위해 필요한 학력, 경력, 자격증 따위를 모두 갖춘 지원자를 비유적으로 이르는 말. 색깔이 보라색인 다람쥐가 현실에서 존재하기 어렵다는 뜻으로 사용한 말이다.

폰라니: 길거리에서 스마트폰을 보며 주변을 살피지 않고 걷다가 자동차 따위에 치여 교통사고를 당하는 사람.

자라니족: 도로에서 자전거를 타는 사람 또는 그런 무리를 속되게 이르는 말. 갑자기 도로에 뛰어들어 차량 운전자를 놀라게 하는 '고라니'처럼 주로 위험하게 주행하는 자전거 운전자를 뜻한다.

법꾸라지: 자신이 알고 있는 법률 지식을 악용해 미꾸라지처럼 요리조리 처벌을 피해 가거나 불리한 상황을 잘 모면하는 사람을 비유적으로 이르는 말.

5   연극, 영화, 공연 따위를 구경할 때 상체를 앞으로 깊이 숙여 뒷사람의 시야를 방해하는 일이나 그런 일을 하는 사람을 의미한다.

| 표 2 | 신어의 개념적 은유1(목표영역이 사람인 신어)

목표영역	근원영역	신어
사람	벌레	아재충, 찍먹충, 교과충
	동물	도서관 미어캣, 보라색 다람쥐, 폰라니, 자라니족, 법꾸라지
	좀비	스몸비, 스좀비
	몸	수구리
	신	갓물주, 갓백수
	수저	흙수저, 금수저, 똥수저
	골드	골드삼촌, 골드이모
	요정	통장 요정, 소비 요정
	AI	호모 에이아이시스
	사전	잡학피디아
	유령	사무실 지박령, 팬텀 세대
	기계	제설기 부모, 소피커
	스포츠	컬링 세대

권이 아닌 부모의 경제력을 근거로 하고 있어서, 백수의 계급화와 자녀의 수동적인 모습을 반영하고 있다. (1)ⓑ의 개념적 은유는 〔사람은 수저〕로 볼 수 있다. 특히 사람을 흙, 금, 똥과 같이 계급을 나눠서 보는 계급주의의 세계관을 반영하고 있다. (1)ⓢ의 개념적 은유는 〔사람은 금〕이다. 친족 내에서도 경제력을 기준으로 구분하고 사고를 반영한다. (1)ⓞ 통장 요정 · 소비 요정의 개념적 은유는 〔사람은 요정〕, (1)ⓩ의 개념적 은유는 〔사람은 AI〕, (1)ⓧ의 개념적 은유는 〔사람은 사전〕이다. (1)ⓚ의 개념적 은유는 〔사람은 유령〕이다. 1ⓔ 제설기 부모, 소피커 등은 제설기, 스피커 등

과 사람의 유사성을 바탕으로 한 [사람은 기계]의 개념적 은유이다. 1ⓟ 컬링 세대의 개념적 은유는 [사람은 스포츠]이다.

개념적 은유의 목표영역과 근원영역의 유사성을 통해 사람에 관해 어떻게 이해하고 있는지, 사람을 바라보는 세계관을 가늠해 볼 수 있다. 근원영역을 통해 본 사람에 대한 생각은 벌레 · 좀비 · 동물에서 인간을 비하하는 것을 볼 수 있고, 수저 · 금 · 흙 · 똥 등에서 사람에 대한 계급주의, 특히 부모의 경제력을 근거로 한 계급화를 확인할 수 있다. '금'은 경제력을 의미하는데, 친척 관계에서도 경제력을 지닌 친척이 중요 인물로 부각되고 있다. 한편 요정을 통해 사람을 중심으로 소비, 저금과 같은 경제활동에 대한 긍정적 시각이 반영되어 있음을 알 수 있다. AI, 사전에서는 사람을 지식이나 정보와 연관 지어 생각하는 것을 알 수 있고, 유령과 기계 · 스포츠에는 주체적이지 않은 유령 같은 청년의 모습과 소신을 끊임없이 주장하려는 청년들의 모습, 자녀들의 삶에 과도하게 개입하는 부모들의 모습이 반영돼 있다.

지금까지 살펴본 개념적 은유의 목표영역은 사람이고, 근원영역은 벌레 · 동물 · 좀비 · 몸 · 신 · 수저 · 흙 · 금 · 똥 · 요정 · AI · 사전 · 유령 · 기계 · 스포츠 등이다.

다음으로 일부의 사람 또는 언어, 인생의 개념적 은유를 살펴보자.

(2)㉠ 과즙상
　　㉡ 헬린이, 코린이
　　㉢ 요리 불구자

ⓔ 독서실 원시인

ⓜ 호모 고시오패스

ⓗ 팩력배

ⓢ 팩트광

ⓞ 잔업 난민, 차량 난민, 보육 난민, 주사 난민, 채권 난민

(2)ⓐ 과즙상은 과일즙과 같이 상큼한 외모를 가진 사람을 의미하는데, 대체로 여성에 해당된다. 개념적 은유는 〔여자(얼굴)는 과일〕이다. (2)ⓑ은 〔X린이〕, 즉 헬린이 · 코린이[6]로 개념적 은유는 〔서툰 사람은 어린이〕이다. (2)ⓒ은 요리를 못하는 사람을 낮잡아 이르는 말로 개념적 은유는 〔서툰 사람은 장애인〕이다. (2)ⓔ은 독서실에서 취업 준비를 위해 공부하는 사람을 일컫고, (2)ⓜ은 고시 준비로 예민해져서 공격적인 성향을 보이는 사람을 이르는 말로 각각 〔(독서실에 있는) 사람은 원시인〕, 〔(고시원에 있는) 사람은 소시오패스〕이다. 이 개념적 은유는 〔준비 중인 사람은 원시인〕, 〔예민하고 공격적인 사람은 소시오패스〕이다. (2)ⓗ의 개념적 은유는 〔언어는 폭력〕, 〔(지나친) 언어는 병〕이다. (2)ⓞ은 〔X 난민〕의 신어들이다[7]. X에는 잔업, 차량, 보육, 주사, 채권과 난민으로

6 헬린이: 헬스를 시작한 지 얼마 되지 않아 헬스에 서툰 사람.
   코린이: 가상화폐 투자를 처음 해 보는 사람을 이르는 말. '가상화폐'를 뜻하는 '코인coin'
   과 '어린이'를 결합하여 만든 말이다.
7 잔업 난민: 잔업을 하며 귀가를 미루는 직장인. 퇴근 후에도 할 일이 없고 가정에서 편안
   함을 느끼지 못해 잔업을 선택한다.
   차량 난민: 재난을 당한 후 차량에서 피난 생활을 하는 사람들을 이르는 말.

구성된 구가 들어간다. 개념적 은유는 〔사람은 난민〕으로, 난민은 〔인생은 전쟁〕이라는 개념적 은유와 정합적이다.

〔여자는 과일〕, 〔서툰 사람은 어린이〕, 〔서툰 사람은 장애인〕, 〔(독서실에 있는) 사람은 원시인〕, 〔(고시원에 있는) 사람은 소시오패스〕 의 개념적 은유를 통해서 여자, 어린이, 장애인, 독서실, 고시원에서 준비 중인 사람에 대한 비하 의미를 확인할 수 있다. 이는 약자, 소외 계층에 대한 불평등함을 반영한다.

〔언어는 폭력〕, 〔(지나친) 언어는 병〕 의 개념적 은유에서는 폭력과 병이 근원영역에 해당되는데, 언어는 사람과 사람 사이를 이어 주는 소통의 수단으로 언어의 근원영역이 폭력과 병인 것은 관계의 단절, 갈등으로 인한 상처, 치유를 필요로 하는 문제 상황을 반영한다. 〔인생은 전쟁〕은 직면한 삶의 문제를 해결하지 못하고 해결책을 쉽게 찾지 못하는 상황을 전쟁이라는 근원영역을 통해 강조한다. 이를 전체적으로 정리하면 〈표 3〉과 같다.

다음은 근원영역이 사람 또는 생명체, 또는 감정인 개념적 은유를 살펴볼 수 있는 신어이다.

(3)㉠ 개린이, 펫가족, 펫맘, 강아지 집사

보육 난민: 어린이집이나 유치원 따위의 보육기관이 문들 닫아 아이를 맡길 곳을 찾지 못한 사람을 난민에 빗대어 이르는 말.
채권 난민: 저금리, 낮은 수익률 등의 이유로 채권 시장에서 빠져 나와 다른 투자처를 찾는 사람을 비유적으로 이르는 말.
주사 난민: 주사를 맞기 위해 여러 병원을 찾아다니는 환자를 난민에 비유하여 이르는 말.

| 표 3 | 신어 속 개념적 은유2 (목표영역이 사람의 일부, 언어, 인생)

목표영역	근원영역	신어
여성(얼굴)은	과일	과즙상
(서툰) 사람은	어린이	헬린이, 코린이
(서툰) 사람은	장애인	요리 불구자
(독서실에 있는) 사람은	원시인	도서실 원시인
(고시원에 있는) 사람은	소시오패스	호모 고시오패스
언어는	폭력	팩력배
언어의 지나친 버릇은	병	팩트광
인생은	전쟁	잔업 난민, 차량 난민, 보육 난민, 주사 난민, 채권 난민

    ⓛ 숨소밍, 숨밍, 숨스

    ⓒ 시한부 아이돌

    ⓔ 화이트 사업자, 화이트 불편러

    ⓜ 홍색 공급망

  (3)ⓐ은 개념적 은유가 〔동물은 사람〕인 신어이다. 개린이는 '개'와 '어린이'를 합성한 말로, 개를 어린이로 비유한 신어이다. 펫가족, 펫맘[8]은 동물이 가족 또는 부모자녀 관계를 맺을 정도로 친밀한 관계임을 보여 준다. (3)ⓛ 숨소밍[9]의 개념적 은유는 〔사람

----

8 펫가족은 강아지를 가족처럼 사랑하는 사람을, 펫맘은 애완동물을 좋아해서 정성껏 돌보는 엄마를 의미한다.

9 숨밍과 숨스는 자신의 소신을 숨 쉬듯 거침없이 말하는 것으로 음악이나 동영상을 끊임없이 재생하는 스트리밍에 빗대어 이르는 말이다.

| 표 4 | 신어 속 개념적 은유3 (근원영역이 사람 관련 신어)

목표영역	근원영역	신어
동물은	사람	개린이, 펫가족, 펫맘, 강아지 집사
기계는	생명체	숨소밍, 숨밍, 숨스
(연예)활동은	살아 있다(생명)	시한부 연예인
색깔은	윤리	화이트 사업자, 화이트 불편러
	사람	홍색 공급망

은 기계]이고, 숨밍과 숨스[10]의 개념적 은유는 〔기계는 사람〕이다. 〔사람은 기계〕와 〔기계는 사람〕의 개념적 은유는 목표영역과 근원영역이 상호 교차하고 있다. (3)ⓒ은 이미 정해진 기간 동안만 활동하는 아이돌을 의미한다. 활동 기간을 정해 놓은 것을 시한부에 비유한 것으로, 시한부는 인접성을 기반으로 하는 환유에 의해 시한부 환자나 시한부 판정 등을 연상시킨다. 개념적 은유는 〔활동기간은 생명〕으로 볼 수 있다. (3)ⓓ의 화이트 사업자와 화이트 불편러[11]에서 화이트는 법을 준수하는 것과 정의, 윤리의 의미를 지닌다. (3)ⓔ 홍색 공급망은 중국의 자급자족식 공급망을 의미한다. 여기서 홍색은 중국, 중국 사람을 의미한다. 개념적 은유는 〔색깔은 사람〕이다.[12]

---

10 좋아하는 가수의 음원 또는 영상 재생 수를 늘리기 위해 음악 파일이나 동영상 파일을 숨 쉬듯 끊임없이 재생하는 것.

11 화이트 사업자는 사업을 하면서 법이나 세법을 어긴 적이 없는 사업자를 의미하며, 화이트 불편러는 불합리한 사회문제에 문제 제기를 하는 정의로운 사람을 의미한다.

12 보라색 다람쥐라는 신어는 직무를 수행하기 위해 모두 것을 갖춘 지원자를 비유적으로 이르는 말로, 보라색은 현실에서 존재하기 어렵다는 뜻으로 개념적 은유는 〔색깔은 비현

〔동물은 사람〕의 개념적 은유는 동물을 사람, 가족, 섬김을 받는 대상으로 여길 정도로 동물을 존중하고 친밀한 관계를 형성하는 사람으로 볼 수 있다. 또한 로봇, 인공지능, 메타버스, 증강현실 등을 통해서 사람과 기계의 경계가 약해지는 4차 산업혁명 시대에 〔사람은 기계〕, 〔기계는 사람〕의 두 개념적 은유가 교차되는 것은 그러한 가능성을 열어 주는 사고나 행동에 영향을 줄 것이라 예상된다. 〔색깔은 윤리, 사람〕의 개념적 은유는 윤리, 사람에 대한 시각적 상징과 연관된다. 한국사에서 빨갱이 등의 색깔 논쟁 등 사회 문화적 연구가 더 필요하다.[13]

지금까지 살펴본 신어 속 개념적 은유는 〈표 5〉와 같이 정리할 수 있다. 〈표 5〉는 지금까지 살펴본 〔+사람〕 신어와 관련된 개념적 은유이다.

| 표 5 | 신어 속 개념적 은유1,2,3

목표영역	근원영역	신어
사람은	벌레	아재충, 쩍먹충, 교과충
	동물	도서관 미어캣, 보라색 다람쥐, 폰라니, 자라니족, 법꾸라지
	몸	수구리
	좀비	스몸비, 스좀비
	신	갓물주, 갓백수

실(상황)이다. 비현실(상황)은 사람과는 연관성이 깊지 않아서 제외하였다.

13 색깔은 선명하고 강력해서 사회 문화적 의미를 어떻게 부여하고 해석하느냐에 따라서 이분법적이고 획일적인 사고와 연관될 수도 있다.

사람은	수저	흙수저, 금수저, 똥수저
	골드	골드삼촌, 골드이모
	요정	통장 요정, 소비 요정
	AI	호모 에이아이시스
	사전	잡학피디아
	유령	사무실 지박령, 팬텀 세대
	기계	제실기 부모, 소피커
	스포츠	컬링 세대
사람(여성)은	과일	과즙상
(서툰) 사람은	어린이	헬린이, 코린이
	장애인	요리 불구자
(독서실에 있는) 사람은	원시인	독서실 원시인
(고시원에 있는) 사람은	소시오패스	호모 고시오패스
언어는	폭력	팩력배
언어의 지나친 버릇은	병	팩트광
인생은	전쟁	잔업 난민, 차량 난민, 보육 난민, 주사 난민, 채권 난민
동물은	사람	개린이, 펫가족, 펫맘, 강아지 집사
기계는	생명체	숨소밍, 숨밍, 숨스
(연예)활동은	생명	시한부 연예인
색깔은	윤리	화이트 사업자, 화이트 불편러
	사람	홍색 공급망

[+사람] 신어의 개념적 은유 속 등급화와 혐오

G. 레이코프 · M. 존스[2006:35-6]는 은유적 구조화는 전체적이 아니라 부분적임을 이해하는 것이라고 보았다. 앞서 보았듯, [논쟁은

전쟁)에서 논쟁은 전쟁과 전체적으로 일치할 수 없으며, 다만 부분적 유사성을 통해 관계를 맺고 있다. 그래서 목표영역을 근원영역의 유사한 부분으로 다르게 이해하는 것이다. 즉, 논쟁과 전쟁의 유사성을 근거로 전쟁의 관점으로 논쟁을 이해하는 것이다. 논쟁에 대한 다른 개념적 은유로 [논쟁은 그릇], [논쟁은 건물], [논쟁은 여행]은 각각 다르게 논쟁의 구조를 초점화한다. 이렇게 부분적으로 구조화하기에 은폐와 부각의 문제가 발생한다. [논쟁은 전쟁]은 [논쟁은 그릇, 건물, 여행]에서 초점화한 논쟁의 영역을 은폐한다. 은유적 부각, 전경화는 은폐 과정과 함께 이루어진다.

(4) 쩜쩜쩜 살인마, 물음표 살인마

(4)의 쩜쩜쩜 살인마는 업무와 관련해서 직장 상사에게 질문하거나 도움을 요청하지 않는 조용한 신입사원을, 물음표 살인마는 질문을 너무 많이 해서 주변 사람을 괴롭히는 사람을 일컫는다. 개념적 은유는 [(잘못된) 소통은 살인]이다. 질문을 안 하거나 너무 많이 질문하는 잘못된 소통은 주변 사람들을 힘들게 한다는 의미다. 소통과 살인마라는 독립돼 있는 두 개념이 은유로 구조화되면 괴롭다는 의미가 부각된다. 이때 소통의 부정적 측면이 강조되고, 소통의 다른 측면은 후경으로 물러나게 된다.

은유적 구조는 본질적으로 의미가 부각되고 강조되므로 은폐된 부분이 있다. [+사람] 신어 속 개념적 은유를 통해 과장되게 강조되고 있는 사고·개념·세계관은 어떤 것이 있는지, 반대로 은폐되는 사고 · 개념 · 세계관은 어떤 것이 있는지 살펴보자.

(5)㉠ 잡학피디아
   ㉡ 소비 요정
   ㉢ 골드삼촌, 골드이모, 금수저
   ㉣ 제설기 부모, 컬링 세대
   ㉤ 폰라니, 스몹비, 스좀비
   ㉥ 호모 에이아이시스

(5)에서는 목표영역인 사람이 다양한 근원영역으로 개념화되고
있다. (5)㉠의 개념적 은유 [사람은 사전]은 사전과의 유사성을 기
반으로 사람의 인지 · 정보적인 면을 강조하고, 감성적이고 활동
적인 면은 은폐한다.

(5)㉡의 개념적 은유는 [사람은 요정]으로 소비 행위를 하는 사
람에 대한 긍정적 측면이 부각되고, 소비가 지닌 부정적 측면이
은폐된다. (5)㉢의 [사람은 골드]는 경제력이 있는 삼촌과 이모를
의미한다. 여기서 골드, 곧 경제력의 부정적 측면은 은폐되어 있
다. 극단적인 예이지만 미다스의 손에서 골드는 저주의 의미를 지
닌다. 금수저의 금도 [사람은 골드]의 개념적 은유로 볼 수 있는
데, 수저등급론과 같이 경제력이 사람을 등급화하는 것은 은폐된
부분과 연관된다.

(5)㉣의 [사람은 기계], [사람은 스포츠]는 한 개의 목표영역에
두 개의 근원영역으로 구성돼 있지만 기계와 스포츠가 부각시키는

의미는 유사하다. 제설기 부모는 눈을 제거하는 제설기처럼 자녀 앞길에 놓인 방해물을 제거해 주는 부모를 뜻한다. 컬링 세대는 컬링처럼 부모가 닦아 놓은 길을 편하게 가는 자녀를 의미한다. 여기서 제설기와 컬링이 모두 자녀의 인생길을 편하게 닦아 준다는 의미를 부각시키고 있다. 부모의 역할 중 자기 삶을 충실히 살아가는 모습이나 자녀의 독립적이고 주체적인 모습 등은 은폐되어 있다.

(5)ⓜ 폰라니는 [사람은 고라니], 스몸비와 스좀비는 [사람은 좀비]이다. 스마트폰을 사용하는 사람과 고라니는 갑자기 튀어나온다는 유사성을 근거로 은유화되어 있다. 갑작스럽게 튀어나오는 것 외에 스마트폰 사용의 긍정적 측면은 숨겨져 있다. 또한 스몸비, 스좀비는 스마트폰을 하고 있는 사람의 모습이 좀비와 유사하다는 의미이다. 좀비는 살아 있지만 죽은 존재로 본능적이며 폭력적이다. 스마트폰에 과몰입된 과사용의 부정적인 모습을 부각하고 있다. 그러나 스마트폰 사용은 편리한 정보 검색과 다양한 SNS 등을 활용하여 공간의 제약을 뛰어넘는 관계를 형성하는 등 긍정적 측면이 있다. 특히 스몸비, 스좀비에서 심각하게 생각되는 부분은 스마트폰과 사람의 밀착으로 [사람이 스마트폰]과 같은 개념적 은유가 생성되거나 이미 됐을 가능성이 있다는 점이다.

(5)ⓗ 호모 에이아이시스의 개념적 은유는 [사람은 AI]이다. 인공지능을 도구로 자유롭게 다루는 새로운 인간 형태를 의미한다. 인공지능을 포함한 4차 산업혁명의 변화는 새로운 인류 등장으로 표현될 정도로 커다란 변화를 예상하게 한다. 사람을 구분 짓는 기준으로서 AI의 중요성이 강조된다. AI로 인한 새로운 인간 유

형은 부각되고, 이에 부적응하는 사람들은 은폐되고 있다.

(5)에서 목표영역인 사람은 다양한 근원영역, 즉 사전 · 요정 · 골드 · 기계 · 스포츠 · 동물 · 좀비 · AI로 개념화되어 나타난다. 각각 유사성을 근거로 사람의 부분을 부각시키고, 동시에 다른 의미들을 은폐시키면서 개념적 은유를 형성하고 있다.

〈표6〉 [사람은 요정], [사람은 골드]에서는 소비 · 경제력의 긍정적 측면이 부각되고, 경제 · 경제력의 부정적 측면은 은폐되어 있다. 특히 금수저 · 흙수저 · 똥수저 등 [사람은 수저]의 개념적 은유와 연관 지어서 볼 때, 수저계급론은 경제력에 의한 등급화와

| 표6 | [+사람] 개념적 은유의 부각과 은폐 1

목표	근원	신어	부각	은폐
사람	사전	잡학피디아	사람의 인지 · 정보적 측면	감성, 활동적 측면
	요정	소비요정	소비행위자에 대한 긍정적 측면	부정적 측면
	골드	골드삼촌, 골드이모, 금수저	경제력의 긍정적 측면	부정적 측면 예) 미다스 손의 경우 저주, 수저계급론
	기계	제설기 부모	자녀 인생길 닦아 주는 부모	자녀의 독립적이고 주체적인 삶 등
	스포츠	컬링 세대	부모가 닦아 놓은 길을 편하게 가는 자녀	자녀의 독립적이고 주체적인 삶 등
	동물	폰라니	스마트폰의 위험, 부정적 측면	스마트폰 사용의 긍정적 측면
	좀비	스몸비, 스좀비	스마트폰에 과몰입된 부정적인 모습	스마트폰 사용의 긍정적 측면
	AI	호모 에이아이시스	사람을 구분 짓는 기준으로서 AI의 중요성	부적응하는 사람들

그로 인한 불평등한 우리 사회의 병리적인 모습과 연관된다. [사람은 기계], [사람은 스포츠]는 자녀의 인생길을 닦아 주는 부모를 강조한다. 특히 수저계급론의 경우 부모의 경제력으로 수저를 등급화한 것을 볼 수 있는데, 제설기 부모·컬링 세대와 마찬가지로 부모에게서 독립된 주체적인 삶을 살지 못하는 자녀들의 부정적 모습은 은폐되어 있다.

    (6)㉠ 잔업 난민, 차량 난민, 보육 난민, 주사 난민, 채권 난민

      ㉡ 숨소밍, 숨밍, 숨스

      ㉢ 개린이, 펫가족, 펫맘, 강아지 집사

  (6)㉠ 신어의 개념적 은유는 [인생은 전쟁]이다. (6)㉠ 신어의 전쟁에는 힘듦·도피·벗어남의 의미가 부각되고, 공격·방어·협상·종전 등의 의미는 은폐되어 있다. 인생에 있어서 보람, 행복, 의미 등 긍정적 요소들은 은폐되어 있다.

  (6)㉡ 신어의 개념적 은유는 숨소밍은 [사람은 기계], 숨밍·숨스는 [기계는 사람]으로 목표영역과 근원영역이 상호 교차되는 양상을 보여 준다. 숨소밍은 자신의 소신을 거침없이 끊임없이 음악, 영상을 재생하는 스트리밍에 비유한 말이다. 숨소밍에서 [숨]은 사람을, [소]는 소신을, [밍]은 스트리밍을 의미한다. 거침없고 끊임없이 소신 발언을 하는 것이 스트리밍과의 유사성을 통해 부각되어 있다.

  이는 [마음은 기계]의 개념적 은유와 유사하다. [기계] 은유는

마음의 커짐과 꺼짐 상태, 효율성의 수준, 작동 조건 등을 개념화할 수 있게 해 준다(G. 레이코프 · M. 존스, 2006:64). 숨소밍은 소신을 실시간 재생하는 기술인 스트리밍한다는 것으로 커짐 상태를 의미한다. 이는 소신의 지속성과 연관된다. 지속성은 상호적이라기보다는 일방적이다. 소신은 의사소통에 있어서 표현에 해당되며, 이해는 소신의 지속성을 멈추고 상대방에게 귀를 기울이는 것을 의미한다. 기계의 꺼짐, 기계 작동의 어려움, 소음 등의 다양한 의미들은 은폐돼 있다. 소신을 잘 전달하기 위해 한 발 물러서서 경청하고, 소신의 전달 방법에 강약을 조절하는 것 등은 은폐되어 있다.

(6)ⓒ의 개린이는 개를 어린이처럼 생각하는 것이 반영된 신어이고, 펫가족 · 펫맘은 동물과 사람이 가족이나 부모자식 관계처럼 친밀한 것을 반영한 신어이다. 또한 강아지 집사는 사람이 강아지의 시중을 드는 집사 역할을 할 정도로 잘 보살피는 애견인의 모습을 반영하고 있다. (6)ⓒ의 개린이, 펫가족, 펫맘, 강아지 집사의 개념적 은유는 [동물은 사람]이다. 의인화는 사람의 어떤 측면을 강조하느냐에 따라 다르게 나타난다(G. 레이코프 · M. 존스, 2006:73). 구체적으로 개린이에서 개는 어린이로, 펫가족과 펫맘에서는 가족 또는 부모와 자녀 관계로, 강아지 집사에서는 주인으로 반영되었다. 개를 포함한 동물에 대한 태도와 관점을 알 수 있다.

[동물은 사람]의 개념적 은유는 동물을 사람처럼, 혹은 사람보다 더 사랑하는 친밀감을 부각시키고 있다. 반면 동물공포증[14]을

---

14 동물공포증의 예로 프로이트의 한스의 말에 대한 공포증을 들 수 있다. 그 외에 뱀 공포

| 표 7 | [+사람] 개념적 은유의 부각과 은폐 2

목표	근원	신어	부각	은폐
인생	전쟁	잔업 난민, 차량 난민, 보육 난민, 주사 난민, 채권 난민	힘듦, 도피, 벗어남	공격, 방어, 협상 등
사람	기계	숨소밍	끊임없음	기계의 작동의 어려움, 소음 등 일방적 주장
기계	사람	숨밍, 숨스	끊임없음	기계의 작동의 어려움, 소음 등
동물	사람	개린이, 펫가족, 펫맘, 강아지 집사	동물 사랑, 친밀함	동물학대, 동물 공포

가진 사람들의 동물에 대한 관점이나, 유기나 학대를 받는 동물의 모습은 가려져 있다.

(6)에서 목표영역인 인생, 기계, 동물은 근원영역인 전쟁, 사람 등으로 개념화되어 나타난다. 각각 유사성을 근거로 은폐와 부각이 생기게 된다. 이를 〈표 7〉에 정리하였다.

수저계급론

'X수저' 신어는 (사람은 수저)라는 개념적 은유를 근거로 한다. 수저 세대, 계급 수저 신어를 통해서 좀 더 분명하게 (사람은 수저)가 세대·등급을 은유화한 것을 알 수 있고, 'X수저'는 부모의

증, 개 공포증, 벌레 공포증, 쥐 공포증 등 다양한 양상의 동물공포증이 있다.

지위·경제 등을 기준으로 자녀들을 등급화한 은유임을 알 수 있다. 이 신어는 부모(부모의 경제력)를 근거로 자녀를 등급화하고 있다. 일반적으로 상賞의 순위에 금·은·동과 같은 등급이 존재하는데, 이를 〔+사람〕으로 은유화한 것이 수저계급 신어이다. 흙수저와 똥수저, 그 아래에 마이너스·무수저 등으로 등급화가 더 나누어지는 것을 통해, 우리 사회의 등급화가 더 심화되어 가고 악화되어 가는 모습을 확인할 수 있다. 또한 훔친 수저는 정당하지 않은 방법으로 부를 쌓거나 사회적 지위를 높인 사람을 의미하는 것으로, 수저 등급화의 부작용으로 볼 수 있다.

수저 등급에서는 비하를 세 가지로 정리해 볼 수 있다. 먼저 사람의 사물화이다. 사물화는 사람을 무생물인 사물로 비유하는 것으로, 그 자체가 비하의 가능성이 높다. 둘째 금수저 이외의 수저에서는 비하의 의미가 더 분명하게 드러난다. '흙·똥·무無·마이너스'는 '금'과 비교하여 등급의 구분이 분명하고 비하가 일어나기 쉬운 위치이다. 마지막으로 수저계급 신어에서는 독립적인 인격체로서 자녀들의 모습을 확인하기 어렵다. 수저인 자녀들의 주체적인 모습은 은폐되고, 등급화되고 타자화된 자녀들의 모습만 투영돼 있다.

경제력으로 사람을 등급화하는 것이 사회에 만연하고 고착화하는 양상을 띠는데, 이를 다음의 기사에서 확인해 볼 수 있다.

청년의 계층인식에서 '수저계급론'이 두드러지게 나타나고 있다. 우리나라 청년은 몇 년 전만 해도 자신의 계층 상승 가능성을 생각할 때 아버지의 직업과 어머니의 학력을 중시했지만, 지금은 부모가 물려주는 부富의 영향력이 더 크다고 평가하는 것으로 나타났다. 9일 보건사회연구원의 보건사회연구 최신호에 실린 〈청년층의 주관적 계층의식과 계층이동 가능성 영향요인 변화 분석〉(이용관 한국문화관광연구원 부연구위원)에 따르면, 최근 몇 년 새 사회경제적 지위 상승에 대해 희망을 품는 청년이 크게 줄었다.[15]

수저계급론으로 상징화된 사회의 불평등 계급론은 위의 기사에서도 확인되는 바와 같이 고착화되는 경향을 보이고, 부모의 직업·학력보다 경제력의 영향력이 지대하다는 것을 확인할 수 있다. 경제력의 영향력은 〔사람은 신〕의 개념적 은유에서 보이는 것처럼 사람을 신의 경지에까지 끌어올리고, 이러한 은유는 행동과 언어에 영향을 끼치게 된다. 수저로 상징되는 계급론은 부모의 경제력을 기준으로 여러 단계로 계급화하고 이를 공고히 함으로써, 이러한 계급론이 갓물주, 갓백수, 골드삼촌, 골드이모 신어의 예에서처럼 직장, 가족관계에도 영향을 끼치는 것을 볼 수 있다. 경제력를 기준으로 계층화한 우리 사회의 고착화된 불평등의 모습이 여실히 반영되어 있다. 수저계급론으로 대표되는 등급은 비하와 연결될 수 있다. 물이 위에서 아래로 흐르듯 위/아래 공간화에서 아래는 언제나 침범당하기 쉬운 위치이다. 흙수저, 똥수저, 무수

---

15 〈"계층이동에 부모 재산·소득이 중요"…'수저계급' 인식 뚜렷〉,《한경닷컴》2019년 1월 9일. https://www.hankyung.com/society/article/201901095350Y

저, 마이너스수저, 흙턴은 [경제력 없음이 아래]라는 지향적 은유를 형성하고, 이 지향성으로도 비하의 의미를 지닌다.

혐오, 비하, 인간소외 현상

등급화가 그 자체로 비하의 의미와 연관되는 것을 볼 수 있다. [+사람] 신어 중에서 요리 불구자, 독서실 원시인, 원룸 푸어, 걸그룹 빠돌이, 맵찔이 등 비하의 의미를 지닌 신어들이 있다. 요리 불구자는 요리를 잘 못하는 사람을 일컫는 말로, 이를 장애인에 비유하고 있다. 이는 요리를 못하는 사람이나 장애인 모두를 비하하는 신어이다. 또한 독서실 원시인은 독서실에서 취업 공부를 하는 취준생을 원시인에 비유한 것으로, 아직 취업을 하지 못한 청년에 대한 비하의 의미를 담고 있다. 원룸 푸어, 걸그룹 빠돌이 등도 원룸에 사는 사람이나 걸그룹을 좋아하는 남자들을 비하한 신어이다. 맵찔이는 맵다의 '맵-'과 찌질이의 '-질이'가 합성된 신어이다. 찌질이의 사전적 정의는 소속된 집단에 잘 적응하지 못하고 겉도는 사람을 속되게 이르는 말로, 매운 음식을 못 먹는 사람을 찌질이라고 비하하여 이르는 것이다. 이는 단순한 행동에 대해서도 과장되게 판단하여 비하하는 사고를 보여 준다. 이렇듯 [+사람]을 나타내는 신어에 비하의 의미를 담은 신어들을 볼 수 있다.

비하의 의미는 혐오 현상으로 확장되어 나타날 개연성이 높다. [+사람] 신어 속에 혐오 현상과 관련된 신어들을 살펴보자.

교과충, 찍먹충의 개념적 은유는 〔사람은 벌레〕이다. 〔사람은 동물〕에서 비하의 의미가 더 심화될 개연성이 높은 개념적 은유로, 교과충은 대학 입시에서 교과전형으로 선발된 입학자를, 찍먹충은 탕수육을 먹는 방식에서 소스를 찍어 먹는 사람을 비하해서 일컫는 말이다. 2016년부터 2019년까지 〔+사람〕 신어 중에 'X충' 신어의 생산성은 높지 않지만, 'X충' 신어의 사용은 매우 활발하다는 것을 기사를 통해서 확인할 수 있다.

'○○충'은 비단 남녀 혐오뿐 아니라 일상에 전방위적으로 퍼지고 있다. 사상 최악의 청년실업으로 대학을 졸업하고도 사회에 나가지 못하는 대학생들은 '학식충'(6,053회 언급)으로 불린다. 도서관에서 열심히 공부해도 취업이 안 되니 학식만 축낸다는 경멸의 의미다. 초중고 학생은 급식을 먹는다는 이유로 '급식충'(8만 8,526회), 매사 진지하게 설명하려 든다는 이유로 '설명충'(15만 7,257회)이라는 단어도 생겼다. 노인을 비하하는 '틀니충'(126회)이란 말도 있다.[16]

2016년 기사에서 검색된 'X충'만 해도 학식충, 급식충, 틀니충, 틀딱충, 설명충, 한남충, 맘충, 일베충, 메갈충 등 다양하다. 남녀노소를 가리지 않고 서로를 향한 혐오 감정을 확인할 수 있다. 〔사

---

16 〈"한국은 '벌레' 먹은 사회…'○○충' 신조어 급속 확산"〉, 《문화일보》 2016년 5월 30일.
http://www.munhwa.com/news/view.html?no=20160530MW065827951281

람은 벌레)라는 개념적 은유가 반영된 혐오 신어가 왕성하게 생성되고 사용되는 것이다. 또한 찍먹충의 경우는 단순히 음식을 먹는 방식의 차이를 벌레로 비하한 신어로, 충의 의미가 탈의미화되어 사용하는 사람들이 비하라는 생각 없이 습관적으로 사용할 수 있다. 또한 (사람은 벌레)라는 개념적 은유가 고착되어 인간 비하, 인간 혐오의 행동과 언어 표현 등을 더 가속화시킬 개연성이 높다. 노슬아치, 하류노인은 노인 관련 신어이다. 노슬아치는 나이든 것을 벼슬이라고 생각하고 지나치게 대우 받으려고 하는 노인을 비하하여 이르는 신어이고, 하류노인은 노후가 준비되지 않아 경제적으로 가난한 노인을 일컫는 말이다. 노슬아치는 노인이라는 이유만으로도 존경을 받던 때의 사고를 지닌 노인에 대한 젊은 세대의 조롱을 표현한 신어로, 노인과 청년의 갈등을 반영하고 있다. 하류 노인은 경제력이 없는 노인을 계급화해서 하류 인생으로 비하하고 있다. 코린이는 코인과 어린이가 합성한 신어이다. 코인은 가상화폐를 의미하는 것으로, 가상화폐 투자를 처음 해 보는 사람을 의미한다. 헬린이는 헬스와 어린이가 합성한 신어로, 헬스에 서툰 사람을 의미한다. 두 신어의 개념적 은유는 (서툰 사람은 어린이)이다. 여기서 어린이는 독립된 인격체가 아닌 미숙하고 서툰 사람을 의미한다. 어린이의 미숙함, 서툶을 부각시킨 (서툰 사람은 어린이)의 개념적 은유은 어린이에 대한 비하라고 볼 수 있다. 젊꼰은 '젊은'과 '꼰대'가 합성된 신어이다. 사전에서 꼰대는 선생 · 아버지 · 늙은이를 일컫는 말로, 자신의 경험을 일반화하여 젊은 사람에게 어떤 생각이나 행동 방식 따위를 일방적으로 강요하는 행위인 꼰대질을 일삼는 어른을 의미한다. 핑꼰은 '핑장한 꼰대'를 의미하는 혼성어이다. 꼰대에게 기성세대의 목소리를 듣고 싶어 하지 않는 청소년, 청년들의 모습이 반영되어 있다. 이는 기존 사회의 권위의 상실로도 해석할 수 있다. 기성세대에 대한 비하, 조롱의 의미가 있으며 혐오로 발전될 수 있다.

혐오 신어들을 살펴보면 혐오는 남녀노소 가리지 않고 전방위적으로 일어나고 있음을 확인할 수 있다. 기성세대는 어린이와 청년을 독립된 주체로 인정하지 않고 타자화하며, 젊은이들은 기성세대와 노년을 희화화하거나 조롱하고 무시한다.

혐오와 연관된 또 다른 현상으로 인간소외 현상을 들 수 있다. 인간소외현상을 보여 주는 예로 인간을 사물·기계·동물로 바꾸는 사물화, 기계화, 동물화를 들 수 있다. 스몸비, 스좀비, 폰라니는 스마트폰에 과몰입하여 과사용하는 부정적인 모습을 부각시키고 있다. 스마트폰에 밀착된 현대인의 몸에 대한 비하로서, 현대인의 몸은 스마트폰과 함께 비하의 대상이 된다.

'X충' 신어는 언어폭력에 해당하는 대표적인 혐오 신어이다. 'X충'의 개념적 은유는 [사람은 동물(벌레)]이다. 사람과 동물의 유사성을 근거로 개념적 은유가 형성된다. 예컨대 개린이의 개념적 은유도 [동물은 사람]인데, 동물과 사람의 부분적 유사성을 근거로 동물과 인간이 목표영역과 근원영역을 상호 교차하여 개념적 은유를 형성한다. 이러한 동물과 인간 사이, 기계와 인간 사이의 부분적 유사성에 근거한 개념적 은유는 동물학대가 인간 학대로, 인간 학대가 동물학대로, 나아가 기계 학대가 인간 학대로, 인간

학대가 기계 학대로 언제든 서로 영향을 줄 수 있음을 보여 준다. 특히 기계가 사람을 연상시키는 로봇인 경우는 더 인간 학대와 깊이 연관될 수 있다. 동물학대와 기계(로봇) 학대가 우리를 불편하게 하는 이유는 동물과 기계가 모두 인간·생명체와 부분적 유사성이 있고, 은유적 사고에 의해 동물학대와 기계 학대가 인간 학대에 직간접적으로 영향을 줄 수 있기 때문이다. 이 외에 동물, 벌레, 약자를 향한 혐오증이 만연해 있는 모습도 확인할 수 있다. 강희숙은 사람 관련 신어를 통해서 혐오증의 만연, 왕따 현상의 확산뿐 아니라 인터넷과 스마트폰이 지배하는 삶이 인간소외 현상과 연관된다고 보았다.[17]

등급화에서 비하와 혐오 현상이 발견되고, 사물화·기계화의 인간소외 현상도 비하, 혐오에 취약한 것을 확인할 수 있다.

나오며

지금까지 [+사람] 신어 속에 포착되는 개념적 은유의 유형과 그 개념적 은유 속에 부각된 의미와 은폐된 의미에 대해 살펴보았다.

개념적 은유는 근원영역의 관점으로 목표영역을 보는 것으로, [+사람] 신어를 통해 사람을 바라보는 사고와 가치관을 살펴볼

---

17 강희숙, 〈'사람' 관련 신어에 담긴 한국인의 정서와 문화〉, 《한국언어문학》 95, 한국언어문학회, 2015, 7~28쪽.

수 있었다. 〔+사람〕 신어에 보이는 세 가지 유형의 개념적 은유 양상으로, 첫째 목표영역이 사람인 개념적 은유, 둘째 목표영역이 일부의 사람 또는 언어·인생인 개념적 은유, 셋째 근원영역이 사람 또는 사람 관련인 생명·감정 등을 살펴보았다. 근원영역을 통해 본 사람에 대한 생각에는 벌레, 좀비, 동물, 수저, 흙, 똥, 사전, AI 등을 살펴볼 수 있었다.

또한 〔+사람〕 신어의 개념적 은유는 사람에 대한 한국 사회의 가치관을 부각시키거나 은폐시키면서 보여 주었다. 〔+사람〕 신어 속에 투영된 한국 사회의 병리적 모습으로 비하, 혐오 현상을 확인할 수 있었다. 혐오 현상은 기성세대는 어린이와 청년을 타자화하면서 미숙하여 독립적이지 못한 주체로 보고, 소외계층이나 준비 중에 있는 사람들을 비하하는 모습을 볼 수 있었다. 또한 수저 계급론으로 대표되는 부모의 경제력을 기준으로 하는 불평등한 계급론도 고착화된 양상을 보였다.

4차 산업혁명의 변화로 사람을 구분 짓는 기준으로서 AI의 중요성이 강조된다. AI로 인한 새로운 인간 유형은 부각되고, 이에 부적응하는 사람들은 은폐되고 있다. 스마트폰의 경우도 부적응의 모습을 보여 주는데, 스마트폰 과몰입·과사용의 부정적인 모습을 부각하고 있다.

〔사람은 기계〕, 〔기계는 사람〕의 숨소밍, 숨스, 숨밍의 지속성은 상호성을 은폐한다. 일방적인 소통은 스마트폰, 인공지능 등 소통의 기계화로 인한 영향으로 볼 수 있다. 소신을 잘 전달하기 위해 한 발 물러서서 경청하고, 소신 전달에 있어 강약을 조절하는 등

소통에서 맥락의 중요성, 상호적 소통의 중요성은 은폐되어 있다.

또한 기계와 인간 사이, 동물과 인간 사이의 부분적 유사성에 근거한 개념적 은유를 통해 인간과 비인간, 즉 인간과 기계, 인간과 동물의 경계 문제를 살펴보고 새로운 인간의 개념을 탐색할 수 있을 것이다.

참고문헌

기본 자료

국립국어원,《2016년 신어 조사 및 사용 주기 조사》, 국립국어원, 2016.

국립국어원,《2017년 신어 조사》, 국립국어원, 2017.

국립국어원,《2018년 신어 조사》, 국립국어원, 2018.

국립국어원,《2019년 신어 조사》, 국립국어원, 2019.

논저

강병창,〈언어의 정표성과 정동성 – 혐오 표출과 재미 유발의 지칭어를 중심
　　으로〉,《독일언어문학》87, 한국독일언어문학회, 2020, 65~90쪽.

강희숙,〈'사람' 관련 신어에 담긴 한국인의 정서와 문화〉,《한국언어문학》
　　95, 한국언어문학회, 2015, 7~28쪽.

김동환,《개념적 혼성 이론: 인지언어학과 의미구성》, 박이정, 2002.

김동환,〈개념적 혼성에 입각한 은유의 의미구성〉,《담화와 인지》11권 1호,
　　담화 · 인지언어학회, 2004, 31~58쪽.

김동환,〈개념적 통합 연결망의 유형 연구〉,《언어과학연구》60, 언어과학회,
　　2012, 1~24쪽.

김억조,〈인지언어학에 기초한 2017년 신어의 의미 구성 연구〉,《문화와 융
　　합》42(4), 한국문화융합학회, 2020, 615~637쪽.

김정아 · 김예니 · 이수진,〈신어의 [+사람] 어휘의 형태 · 의미적 특성:
　　2002, 2003, 2004, 2005, 2012년 신어를 중심으로〉,《어문론총》58, 한
　　국문학언어학회, 2013, 51~76쪽.

김진해,〈은유적 합성명사의 결합관계와 인지언어학적 해석〉,《국어학》70,
　　국어학회, 2014, 29~57쪽.

남길임 · 송현주 · 최준,〈현대 한국어 [+사람] 신어의 사회 · 문화적 의미〉,
　　《한국사전학》25, 한국사전학회, 2015, 39~67쪽.

박동근,〈[X-남], [X-녀]류 통신언어의 어휘 형성과 사회적 가치 해석〉,《사
　　회언어학》20-1, 한국사회언어학회, 2012, 27~56쪽.

박선옥,〈[+사람] 신어의 생성 추이와 단어의 형태적 특징 연구: 2015년,

2016년, 2017년 신어를 중심으로〉,《동악어문학》77, 동악어문학회, 2019, 291~318쪽.

박현선, 〈신어에 나타나는 여성혐오 표현〉,《담화인지언어학회 학술대회 발표논문집》, 2019, 245~251쪽.

박홍원, 〈인간 소외와 커뮤니케이션=마르크스 소외이론의 현재적 함의〉, 《커뮤니케이션이론》10(4), 한국언론학회, 2014, 101~150쪽.

손춘섭, 〈[+사람] 신어 형성 접사의 생산성과 의미 특성에 관한 연구〉,《한국어의미학》39, 한국어의미학회, 2012, 253~289쪽.

심주완 · 최영주, 〈은유의 은폐와 부각의 변화: 신조어 '-각'과 '불금'을 중심으로〉,《언어학》26(2), 대한언어학회, 2018, 271~291쪽.

안명숙, 〈신조어 '청소년 혐오'에 관한 소셜 미디어 빅데이터 분석〉,《청소년시설환경》16(1), 한국청소년시설환경학회, 2018, 167~176쪽.

이진성, 〈신어에 반영된 사회문화상과 변화의 양상〉,《사회언어학》25(4), 한국사회언어학회, 2017, 87~117쪽.

이찬영, 〈혼성어 형성에 대한 인지적 고찰〉,《형태론》18(1), 2016, 1~27쪽.

정성미a, 〈[X-족], [X-남], [X-녀] 신어의 형태 · 의미적 연구〉,《어문론집》84, 중앙어문학회, 2020, 147~188쪽.

정성미b, 〈[X-족] 신어에 투영된 2010년대 우리의 삶〉,《인문언어》22권 2호, 국제언어인문학회, 2020, 339~374쪽.

최영주, 〈Metonymy and Korean Noun-noun Compounds〉,《영어영문학 21》25(3), 2012, 269~289쪽.

최지훈, 〈전의(轉義)합성명사의 인지의미론적 연구〉, 이화여자대학교 석사학위논문, 1999.

한국사회언어학회 편,《문화와 의사소통의 사회언어학》, 한국문화사, 2002.

한향화, 〈개념적 은유의 시각에서 본 합성명사신어〉,《중국조선어문》185, 길림성민족사무위원회, 2013, 39~45쪽.

G. 레이코프 · M. 존스,《삶으로서의 은유》, 노양진 · 나익주 옮김, 2006, 박이정.

졸탄 코베체쉬,《은유와 문화의 만남》, 김동환 옮김, 연세대학교출판부, 2009.

졸탄 코베체쉬,《은유 실용입문서》3, 이정화 외 옮김, 한국문화사, 2003.

혐오: 카타르시스와 승화 사이

: 데이비드 크로넨버그의 영화를 중심으로

정락길

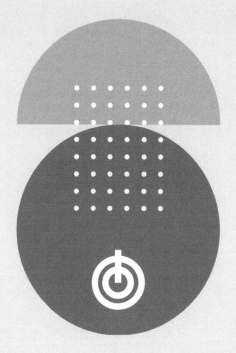

이 글은 《PREVIEW: 디지털영상학술지》 18(1)(한국디지털영상학회, 2021. 06.)에
실린 것을 일부 수정·보완한 것이다.

데이비드 크로넨버그에 대하여

1943년 캐나다 토론토에서 태어난 데이비드 크로넨버그David Cronenberg는 〈스테레오Stereo〉(1969)로 데뷔한 이래로 2000년대 초반까지 호러horror 혹은 환상영화cinéma fantastique 계열의 영화들을 만들어 온 독특한 감독으로 평가받아 왔다. (환상영화는 현실의 영역에서 미스터리적인 어떤 사건의 갑작스런 침입과 연관되어 있다. 그 사건은 현실과 상상(꿈) 사이의 모호한 경계 속에 요동치고 있는 상태로 정의할 수 있으며 공상영화le merveilleux, 판타지fantasy영화, SF, 공포영화 등과 장르적 경계가 모호한 영화이다.)[1] 무엇보다 그의 영화에서는 몸이 변형되고 훼손되는 이미지가 넘쳐난다. 이러한 인간 몸의 변형과 훼손을 통해 그가 현대문명의 변화와 인간성에 대한 전통적 가치에 근원적인 질문을 던지고 있다는 점에 대해서는 많은 평자가 동의하고 있다.[2]

2010년대 중반까지 사람들에 따라 혐오와 매력이 극단적으로 갈라지는 그의 영화는 매우 도발적인 주제를 다루어 왔다. 그의 초기 영화 〈파편들Shivers〉(1975)부터 〈열외 인간Rabid〉(1976)·〈플라이The Fly〉(1986) 등으로 이어지는 질병에 걸린 몸, 몸의 변형, 그리고 돌연변이들, 〈스캐너스Scanners〉(1980)의 몸을 파괴하는 텔레파시, 〈데드 링거Dead Ringer〉(1988)와 〈네이키드 런치Naked Lunch〉(1991)에서의 마약

---

1 Franck Henry, *Le Cinéma Fantastique*, Paris: Cahiers du cinéma, coll. «Les petits cahiers», 2009, p. 95.

2 William Bread, *The Artist as Monster, The cinema of David Cronenberg*, Toronto: Universty of Toronto Press, 2006, 'Preface', p. 8.

혐오: 카타르시스와 승화 사이 |

등의 환각적 경험과 광기, 〈비디오드롬Videodrome〉(1983)부터 〈크래쉬Crash〉(1996)·〈엑시스텐즈eXisteZ〉(1999)에서의 인간과 텔레비전의 교접, 자동차와의 충돌과 섹스, 그리고 가상과 현실 사이의 경계 붕괴 등 20세기 그리고 21세기 초반의 사회적·정치적·생태적 문제의 중요한 주제들이 그의 영화를 통해 나타나고 있다.

이 글은 크로넨버그의 영화들 모두를 세세하게 다루고 있지 않다. 주로 살펴볼 영화는 〈비디오드롬〉, 〈크래쉬〉, 그리고 〈엑시스텐즈〉이다. 때로 글의 전개상 작가의 다른 영화들이 언급될 것이지만 독자의 이해를 위한 어쩔 수 없는 선택임을 밝힌다. 이 영화들을 본 독자를 위한 글임을 미리 밝히며, 각각의 세밀한 서사 분석보다는 위의 영화에서 나타나는 몸 이미지의 분석을 중심으로 논의를 전개할 것이다.

최면과 환각을 넘어서 촉각적 침투의 이미지들

〈비디오드롬〉의 이야기는 성과 폭력적인 방송을 위주로 하는 케이블TV 사장 맥스(제임스 우즈 분)의 시점을 중심으로 전개된다. 시청자를 확보하기 위해 사도마조히즘적인 행위도 서슴지 않는 맥스는 토크쇼에서 만난 여기자 닉키(데보라 해리 분)와 연인이 되며 그와 그녀는 사도마조히즘적 사랑을 하게 된다. 맥스는 이상한 단체의 조정자인 미디어 이론가 매클루언Marshall Mcluhan을 연상시키는 브라이언 오블리언(잭 크릴리 분) 교수를 만나 '비디오드롬'의 환각

세계 속으로 빨려 들어간다. 그리고 크로넨버그의 의도적 배열 속에서 맥스는 현실과 가상이 점차 소멸하는 환각의 고통 속에 빠져들며 스스로 권총으로 생을 마감하게 된다.

〈엑시스텐즈〉는 〈비디오드롬〉의 세계의 업그레이드된 버전이라 할 수 있다. 〈엑시스텐즈〉의 시작은 교회에 모인 사람들이 안테나 리서치 사가 만든 가상현실 게임을 시연하는 것으로 시작된다. 이 영화의 여주인공인 알레그라 젤러(제니퍼 제이슨 리 분)가 게임 참여자를 무대로 호출하고 마치 탯줄처럼 생긴 게임포드를 척추에 박은 배꼽 모양의 플러그bioport에 삽입시키면서 가상의 게임이 시작된다. 관객석에서 갑자기 등장한 테러리스트는 알레그라와 안테나 리서치 사의 죽음을 선포하며 테러를 강행하고, 알레그라는 경호원이자 매니저인 테드 피컬(주드 로 분)과 함께 시골로 보이는 장소로 탈출한다. 영화가 진행되는 동안 알레그라는 전혀 예상치 못한 상황에서 공격당하고 그녀의 소망은 자신이 디자인한 게임을 다시 시연하는 것이다. 원치 않은 동반자이자 목격자인 테드는 알레그라가 다시 게임의 세계로 들어갈 수 있을지 회의적인 인물로 초기에 관객에게 보여진다. 하지만 영화는 시골 주유소 장면, 스키용품점으로 위장한 게임숍, 생선 공장, 중국 식당 등을 전전하면서 알레그라와 테드의 초기 설정은 무너지고 가상과 현실의 구분이 무너진 어떤 세계의 복마전을 미로처럼 펼치며 전개된다. 게임 서사나 액션영화의 진행과 유사한 방식으로 진행되는 이 영화에서 크로넨버그는 핍진성의 원리와 상관없이 게임과 현실의 경계를 무너뜨리는 방식으로 영화를 진행한다.

영국 소설가 제임스 발라르James Ballard의 소설을 충실하게 각색한 영화 〈크래쉬〉는 언뜻 보기에는 나기사 오시마大島渚의 〈감각의 제국〉(1976)을 연상시킨다. 티끌 하나 없는 미끈한 격납고, 매끈한 도시의 풍경, 그리고 묵묵히 질주하는 자동차들의 도로를 배경으로 댄디한 주인공 광고제작자 발라르(제임스 스페이더 분)는 애인 캐서린(데보라 웅거 분)과 함께 권태롭고 평안한 중산층으로 등장하며 성적 유희만이 삶의 의미인 인물로 초기에 그려진다. 하지만 발라르는 헬렌(홀리 헌터 분)과의 우연한 자동차 사고를 통해 새로운 삶의 형태를 발견하게 된다. 그리고 그는 헬렌을 통해 자동차와 성을 결합한 독특한 광신도들의 수장 보건(엘리어스 코티스 분)을 만나게 된다. 자신이 만든 종교의 수장이자 도착적 맹신자인 보건을 따르면서 발라르와 캐서린은 지속적인 자동차 충돌의 열락에 빠져든다. 보건의 실험은 극단을 향해 가고 보건은 결국 실험의 극단에서 기꺼이 죽음을 맞이한다. 발라르와 캐서린은 보건의 죽음 이후에도 서로의 차를 충돌시키는 도착적 행위를 지속하다, 결국 캐서린의 자동차는 언덕 아래로 추락하고, 그들은 사고 현장에서 열락의 가능성을 실험하며 영화는 종료된다.

〈비디오드롬〉은 크로넨버그의 소위 보디 호러body horror 시기로부터의 변화를 알리는 영화이다. 〈비디오드롬〉 이전의 보디 호러들은 성적으로 도발적인 여성, 과학자이자 발명가인 도착적인 상징적 아버지, 무엇인가에 마취되고 속박된 인물이 등장한다. 이러한 세계는 금기의 위반을 통한 욕망의 극단을 추구하는 병적 인간들에 의해 넘쳐나는 디스토피아적 세계이다. 하지만 〈비디오드롬〉

이후 크로넨버그의 영화들은 이러한 병리적인 세계에 대한 비판에 치중하기보다는 점차 이러한 인간들이 처한 실존론적 자기self의 위기와 그 해결의 가능성을 주목하고 있다. 〈비디오드롬〉, 〈엑시스텐즈〉, 〈크래쉬〉는 바로 이러한 이유로 이전 보디 호러 중심의 크로넨버그의 도발적 세계가 좀 더 정제된 방식으로 나타나고 있는 영화이다. 이전까지 모호한 방식으로 제기되고 있던 인간의 몸에 대한 영화적 사유가 좀 더 구체적 방식으로 나타나기 시작한다.

위의 세 영화에서 우리는 영화사의 초기부터 영화에 따라붙고 있는 고유한 주제인 최면과 환각이라는 주제를 발견할 수 있다. 그리고 여기에 크로넨버그의 영화는 촉각적 침입의 이미지를 덧붙여 환각성 혹은 혐오감을 배가시키고 있다. 〈스테레오〉와 그의 초기 단편작들(*Transfer*(1966)/*From the Drain*(1967))은 몽환적인 장면, 시대착오적인 등장인물, 성적 정체성의 혼동 그리고 불연속적인 행위의 흐름이라는 측면에서 50년대와 60년대의 뉴욕과 로스앤젤리스에서 활동하던 케네스 앵거Kenneth Anger, 에드 엠쉴러Ed Emshwiller, 쿠차르Kuchar 형제 등의 실험영화의 영향을 감지할 수 있으며 이러한 맥락에서 영화의 최면과 환각 효과를 적극적으로 활용하고 있는 영화이다. 또한 크로넨버그는 자신의 영화 〈플라이〉에서 주인공 세스가 파리인간으로 변해 가는 과정이 프란츠 카프카Franz Kafka의 《변신》에서 그레고리의 곤충 모티브와 유사함을 언급하고 있기도 하다.[3]

....

3 David Cronenberg, "Introduction, The Beetle and The Fly", in *Metamorphose* (Franz Kafka,

위의 세 영화로 돌아가 보자. 〈비디오드롬〉에서 맥스가 지속적으로 나타나는 텔레비전 방송에 몰입하는 과정, 오블리언 교수를 만날 때 들어서는 이상한 문, 그리고 화면 속에 점차 빨려 들어가 환각적인 경험을 하는 어떤 상태들이 있다. 〈크래쉬〉에서 캐서린이 비행기 격납고에서 말끔하고 깨끗한 비행기에 자위를 하는 장면, 헬렌의 기괴한 육체에 에로틱한 충동을 느끼는 발라르의 모습, 보건의 세계에 점차 매혹되는 발라르와 캐서린 등의 모습들은 몽롱한 음악과 함께 전개된다. 〈엑시스텐즈〉의 게이머들은 적극적으로 가상의 세계로 입장하기 위해 자신의 몸을 최면 상태로 놓고 있다. 이러한 최면과 환각에 대한 요청은 우선 현실과 가상의 경계를 점차 이완시켜 마치 꿈으로 이행하는 퇴행적 과정과 유사하다. 크로넨버그는 타자의 의지에 종속되는 인간소외의 형식으로 최면과 환각을 그려 내는 동시에 이 최면과 환각의 과정이 영화 장치의 본질적인 과정임을 보여 주는 작가이기도 하다. 크로넨버그가 〈데인저러스 메소드A Dangerous Method〉(2011)에서 프로이트와 융의 관계에 대한 일화를 영화화한 것은 이런 의미에서 자연스러운 결과라고 할 수 있다.

뤼미에르Lumière 형제의 일련의 영화들이 파리의 그랑카페에서 상연된 1895년은 흔히 영화의 시작을 알리는 해로 기억된다. 정신분석의 시작을 알리는 지그문트 프로이트Sigmund Freud의《히스테리 연구》가 같은 해에 출간되었다는 점은 잘 알려진 사실이기도

---

trans. by Susan Bernofsky), New York/London: W. W. Norton & Company, 2014.

하다. 프로이트가 초기에 사용한 정신분석적 기법인 최면요법은 영화 관람 와중에 관객이 최면처럼 빠져드는 어떤 세계로의 진입 과정과 매우 유사하다. 영화는 이러한 최면과 같은 퇴행의 욕망으로부터 관객을 어떤 비전vision의 충격 효과 속으로 지속적으로 끌어들여 왔다. 장 르누아르Jean Renoir의 〈야수 인간La Bete Humaine〉(1938)의 맹목적으로 달려가는 기차에서 느끼는 죽음에의 충동, 프리츠 랑Fritz Lang의 〈마부제 박사Dr. Mabuse〉(1922)와 〈메트로 폴리스Metropolis〉(1922)의 최면, 알프레드 히치콕Alfred Hitchcock의 〈현기증Vertigo〉(1958)에 이르기까지 영화는 비전으로부터 비전을 넘어서는 무엇을 추구했다. 영화가 우리 몸과 뇌의 전염 효과를 산출하는 방식은 이중의 과정을 통해 전개된다. 유명한 영화 연구가는 움직이는 이미지를 통해 관객을 점차 환영의 상태로 이끈다는 점과 동시에 크로넨버그의 영화 속에 잘 나타나는 몽유병적 상태에 빠진 등장인물과의 동일화를 통해 이러한 과정이 전개됨을 주목한 바 있다.[4]

그런데 크로넨버그의 영화의 촉각적 이미지들은 이 최면 자체를 파괴하는 이미지이다. 동시에 관객의 공격성이 일종의 어떤 카타르시스로 이끌려진다는 의미에서 본다면, 이 최면과 환각의 살과 같은 것으로서 기능한다는 점에서 특이하며 역설적이기까지 하다. 〈비디오드롬〉에서는 담뱃불을 자신의 살에 문지르는 닉키,

---

[4] Raymond Bellour, *Le corps du cinéma: Hypnoses, émotions, animalités*, Paris: POL/Trafic. 2009.

혐오: 카타르시스와 승화 사이 |

배를 가로질러 나오는 비디오와 권총, TV 화면 속 포르노 배우에게 점차 다가서는 카메라에 의해 포착되는 커다란 입과 피부 등의 충격적인 이미지들이 등장한다. 심지어 인간의 안을 감싸고 있는 피부가 벗겨지며 튀어나온 피 흘리는 내장의 이미지가 등장하고, 마치 여성의 자궁과 같은 형태에 맥스는 빨려 들어간다. 이 이미지들은 전율과 공포를 일으키는 이미지이다. 〈엑시스텐즈〉에서 탯줄처럼 생긴 게임포드는 에일리언의 형태를 띠고 있다. 척추에 박힌 배꼽 모양의 플러그, 게임 가게에서 보이는 터진 내장 형태의 기묘한 이미지들, 버려진 쓰레기 생선 뼈 형태의 게임 총, 중국 식당에서 제공되는 음식들은 모두 원초적인 자연의 낯섦과 혐오의 형태들이기도 하다. 〈크래쉬〉에는 의족과 의료기구로 장식된 헬렌의 몸, 바느질 자국이 선명한 그녀의 몸, 그리고 상처투성이의 몸으로 서커스 같은 성행위를 하는 헬렌과 발라르의 모습이 등장한다. 자동차 사고에 의해 파괴된 인간의 형상들이 난무하고 보건, 전직 스턴트맨 시그레이브(피터 맥닐 분), 보건의 애인 가브리엘(로잔나 아퀘트 분)의 몸들은 현대 의학의 시술에 의해 임시 처방된 몸에 의지해 연명하는 도착의 인간들이라고 할 수 있다.

크로넨버그의 영화들이 보여 주는 이 이미지들은 영화 속에 편안히 유희하고자 하는 관객의 심한 혐오감을 불러일으키는 동시에, 그 공포와 혐오의 전율 속에서 일종의 이상한 존재감을 관객에게 선사한다. 이러한 느낌은 죽음을 무릅써야 하고 현기증과 심한 경우 구토를 유발하는 놀이기구의 효과와 닮았다. 어찌 되었든 영화는 시청각적 비전의 예술이다. 그의 영화가 시청각적 비전을 통해 비전 너머의 어떤 감흥을 제기하고 있다면, 그것은 영화가 지닌 최면적 형식에 촉각적 침입의 이미지를 체계적으로 삽입하고 있다는 점에 있으며 이 점이 우선 크로넨버그의 작가적 독창성이라고 할 수 있을 것이다.

실험적 육체의 병리학

토마스 엘세서Thomas Elsaesser는 90년대부터 최근까지의 할리우드 영화들을 '마인드게임 영화'라는 장르로 구분한 바 있다.[5] 그는 이러한 장르의 영화를 가상과 현실의 경계가 느슨해지고, 핸드폰이 우리 존재의 일부가 된 현대사회에서 겪고 있는 현대인들의 기억과 몸, 몸과 정신 그리고 기계와 인간 사이에 벌어지는 정체성의 위기에 대한 영화적 응답으로 바라보았다. 그에 따르면, 마인드게임 영화는 이전의 멜로물이나 트라우마trauma 영화와 같이 주관성과 행위성agency에 대한 새로운 방식의 접근을 시도하고 있으며, 이러한 의미에서 이 영화들을 현대영화의 원형적 영화이자 사고실험(엘세서는 실험영화나 전위영화와의 변별을 위해 이 용어를 선택했음을 기술하고 있다)의 영화로 규정할 수 있다.[6] 그런데 흥미롭게도,

---

5　Thomas Elsaesser, "Contingency, cousality, complexity: distributed agency in the mind-game film", *New Review of Film and Television Studies*, 16:1, pp. 1-39.

6　Thomas Elsaesser, "Contingency, cousality, complexity: distributed agency in the mind-game film", p. 14.

엘세서는 '생산적 병리학productive pathologies'이라는 개념을 통해 마인드게임 영화의 주인공들이 분열증 · 편집증 · 자폐 · 기억상실 · 양극성장애 · 다중인격장애의 인물들일 수 있지만, 이러한 장애를 통해 역으로 현대사회의 위기를 표현하고 있음을 주목하고 있다. 만약 영화가 영화의 한계로부터 항상 영화에 대한 물음을 던져 왔다면, 엘세서의 '생산적 병리학'의 정의에 따라 분류된 영화에는 이상하게도 크로넨버그의 영화들이 결핍되어 있다. 아마도 그 이유는 마인드게임 영화들이 보여 주는 서사적 복합성과 세련됨이 크로넨버그의 영화에는 상대적으로 결핍되어 있기 때문일 것이다. 다만, 크로넨버그 영화의 등장인물들이 몸을 둘러싼 자극과 고통, 신체적 자아와 정신적 자아의 분열, 기계 혹은 장치와 인간 사이의 경계의 해체라는 현대의 병리적 상황을 의도적으로 제시하고 있다는 점에서 크로넨버그 영화를 엘세서의 '생산적 병리학'의 관점에서 살펴볼 필요가 있다.

크로넨버그의 영화들은 초기부터 인간의 형상이 와해되면서 인간과 동물/괴물 사이의 경계, 동물적 교미와 인간적 의미의 사랑 사이의 경계, 인간과 사물과의 교접 등 피부와 피부 속으로의 침입 이미지로 구성되어 있다(〈파편들〉, 〈열외 인간〉, 〈스캐너스〉, 〈초인지대Dead Zone〉(1980), 〈플라이〉 등에서 이러한 이미지들을 발견할 수 있다). 또한 그의 영화 대부분은 현대사회에서 신음하는 병리적 인간들이 주인공이라고 해도 과언이 아니다. 특히 〈비디오드롬〉, 〈크래쉬〉, 〈엑시스텐즈〉의 주요 등장인물들은 경계의 결여로 인해 고통스러하는 인물들이다. 그들은 병리학적 용어로 경계선장애증borderline 환자들이다. 디디에 앙지외Didier Angieu는 특히 피부의 중요성을 언급하면서 피부자아moi-peau의 파괴 혹은 와해로부터 나타나는 "경계선장애 환자(를) 심리적 자아와 신체적 자아, 현실의 자아와 이상적 자아, 자기에게 소속된 것과 타인에게 소속된 것 사이의 경계들을 확신하지 못하고, 이러한 경계들이 심한 우울증과 함께 갑작스럽게 변동되는 것처럼"[7] 느끼는 존재들로 묘사한 바 있다. (앙지외는 피부자아를 신체적 자아와 정신적 자아의 결합 형태이자, 아이가 어머니로부터 분리의 경험을 성공적으로 완성했을 때 형성하는 정신적인 형상으로 정의한다. 신체적 차원에서의 외부 자극과 내적 고통을 수용하고 담아 주는 형상인 동시에 자극적인 접촉과 의미 있는 접촉을 가능하게 해 주는 피부 표면의 환상이라고 할 수 있다.)

크로넨버그의 세 작품 속 등장인물들은 공통적으로 앙지외가 정의하는 피부자아의 와해로 신음하는 존재들이다. 그들 모두는 자극과 의미 사이, 자극과 고통의 강도가 혼동되는 '접촉의 병리학'이 존재하며, 자극과 고통이 도착적으로 얽혀 향유되는 인물들이기도 하다. 〈크래쉬〉 도입부에 여주인공 캐서린이 비행기 격납고에서 투명하고 말끔한 비행기의 표면에 자신의 피부를 접촉하며 자위하는 장면이 있다. 투명하고 말끔한 동시에 단단한 비행기의 표면은 캐서린의 와해되고 불안정한 피부자아를 대체하는 환상적이고 이상적인 형식이다. 또 다른 장면을 살펴보자. 관객들을 모아 놓고 자동차 충돌 실험을 하는 경연대회에서 경찰의 출동 때

----

7 디디에 앙지외, 《피부자아》, 권정아 · 안석 옮김, 인간희극, 2008, 29쪽.

문에 철로를 건너 숲으로 도망간 발라르와 보건은 숲속 집에 은신하게 된다. 이 집에서 금속성 보철물을 걸치고 검은색 가죽 옷을 입은 보건의 애인 가브리엘이 등장한다. 그녀의 몸은 파괴되고 쉽사리 상처 입는 허약한 인간의 피부를 대체한 새로운 몸으로 제시되며, 가죽과 금속이 결합한 새로운 성형의 인조인간으로 그려진다. 금속과 매끈한 가죽으로 이루어진 새로운 피부는 기계와 인간이 새롭게 성형한 피부로 형상화되며, 이는 허약한 피부로부터 탈바꿈하려는 새로운 재생의 욕망이자 마치 애무하듯 카메라로 포착되는 가브리엘의 그 기괴한 형상은 크로넨버그의 이전 영화에서부터 지속해서 나타났던 전능적인 성omni-sexuality에 대한 기괴한 변형이라고 할 수 있다.[8] 이 전능적인 성은 이성애, 동성애, 집단적 향락 형태 등 다양한 성적 양태를 띠며, 성적 행위 자체의 어떤 자연적 차이가 존재하지 않는 상태인 아메바의 무성생식과 닮아 있다. 또한 〈크래쉬〉와 〈엑시스텐즈〉에서 제시되듯이 기계로까지 그 성행위가 확장되는 혐오의 이상한 희열과 같은 것으로 형상화된다.

크로넨버그의 영화는 현대예술에서 새롭게 등장한 '보디아트'로 정의될 수 있다. 피 흘리는 살, 꿰맨 피부의 형상들은 인간 몸의 불확실한 횡단passage이며 이러한 형상들은 원초적인 무엇인가

8 Géraldine Pompon et Pierre Véroneau, *David Cronenberg: La Beauté du Chaos*, Paris: Cerf-Corlet, 2003, p. 23.

로 우리를 이끈다.[9] 이 원초적인 것은 순수하고 행복한 천국으로서 자연으로의 회귀와는 전혀 상관이 없다. 그것은 가려운 피부를 통제할 수 없는 힘에 이끌려 피가 날 때까지 긁어 대는 어떤 자동적 본능과 의식적 절제 사이의 균형 파괴와 연관된다. 〈비디오드롬〉의 닉키가 맥스와의 관계 중에 자신의 팔을 담뱃불로 지지는 행위, 〈엑시스텐즈〉에서 가상세계로 진입하기 위해 피부 자체를 갈라 그 틈 사이로 무엇인가를 관통해야 하는 절차들은 프로이트의 본능, 혹은 욕동instinct/drive의 몸과 그것을 담아내는 상징적 형식 사이의 붕괴를 잘 보여 주는 예라고 할 수 있다.

〈엑시스텐즈〉의 탯줄로 연결된 에일리언 형상의 게임포드, 배꼽 모양의 플러그는 음식물을 섭취하는 입이자 내 안의 분비물을 배출하는 항문의 형태와 닮아 있다. 〈플라이〉에서 남자 주인공 세스(제프 골드브럼 분)이자 파리로 변신한 '브런들-파리'가 배출하는 침은 우리의 피부 속에 있는 안과 밖의 통로이자 접촉의 구체적 기관인 구멍들(입, 코, 성기, 항문)의 기능이 와해하고 파괴된 상태를 상징한다. 〈비디오드롬〉에서 피부로 변해 버리고, 또한 어머니의 자궁 형태로 변해 버리는 텔레비전 화면, 그리고 그 화면으로 들어가려는 맥스의 환상은 어머니와의 접촉에서 충분한 피부 환상을 경험하지 못한 원시적 퇴행의 극단적인 예에 해당할 것이다. 그래서 〈크래쉬〉의 마지막 대사는 인상적이다. 발라르와 캐서린

---

9 Antoine de Baecque, "Eloge de la cicatrice", in *Vertigo, Le corps Exposé, 15*, Paris: Editions Jean-Michel Place, 1997, p. 25

의 '느낌이 왔어?(Did you come?)', '아마도 다음에는(... Maybe next one...)'이라는 반복되는 그들의 대화는 (초반부와 의도적인 그들의 자동차 사고 후 성행위에서 동일한 대사가 반복된다) 지속적으로 연기延期되는 성적 쾌감이자, 공허감과 무감각으로 변해 버린 현대적 감각의 증언으로 들린다. 쾌와 불쾌, 고통과 희열 사이의 어떤 혼동이 존재하며 〈크래쉬〉뿐 아니라 모든 크로넨버그의 영화에서 성감대는 다른 신체 부위와 구분되지 못하거나 인간의 한계를 초과해 〈비디오드롬〉의 TV화면으로, 〈엑시스텐즈〉의 몸에 이식된 게임기로 확장되지만 그것은 고통과 쾌락의 이상한 배합을 통해 이루어지는 사도마조히즘적 과정이자 회복과 재생의 가능성이 사라진 도착의 순환 과정으로 그들을 이끌 뿐이다.

그의 영화들에서 확실한 것은 오르가슴은 몸을 넘어 존재하며, 그 가상은 신체적 자아를 통해 획득될 수 없다는 사실이다. 〈엑시스텐즈〉는 바로 가상과 현실 사이의 붕괴 자체의 세계를 우리에게 보여 주며, 그렇다면 그 세계 너머 세계의 가능성 자체가 사라진 어떤 세계에서 가상과 현실은 무엇일 수 있는가라는 질문을 던지는 영화라고 할 수 있다. 앙지외의 피부자아 개념이 제시하듯이 신체적 자아와 정신적 자아 사이에 불균형이 존재하며, 그의 영화는 "거의 대부분은 상상에 머무르는 피부의 절단은 자아와 신체의 경계선을 유지하고, 결합되어 있고, 다치지 않는다는 느낌을 회복하기 위한 비장한 시도"[10]로서 해석되고 이해될 수 있다.

10   디디에 앙지외, 《피부자아》, 50쪽.

몸의 궁핍

〈비디오드롬〉, 〈엑시스텐즈〉, 〈크래쉬〉는 가상의 세계에 흡입된 존재들을 다루고 있다. 〈비디오드롬〉의 맥스는 TV 속으로 빨려 들어가며, 〈엑시스텐즈〉의 알레그라와 테드는 가상과 현실의 경계가 와해된 세계 속에 끊임없이 재로드된다. 심지어 〈크래쉬〉에서 보건은 자동차 충돌의 경험에서 느껴지는 그 충동의 힘만이 유일한 사실성을 획득하고 있음을 묵시론적인 방식으로 선언하고 있다. 이러한 점에서 크로넨버그 영화는 관객을 초월과 구원의 가능성으로 인도하지 않는다. 그의 영화는 초기부터 인간에 대한 미화된 시선 없이 사물적 필연성, 즉 죽음의 필연성과 연관되어 있다. "탄생이든 죽음이든, 우리는 오물에서 태어났고 그것을 향해 간다"라고 크로넨버그는 단편영화 제작 시기부터 자신의 영화 철학을 피력하였다.[11] 〈엑시스텐즈〉까지 그의 영화는 혐오적 계열의 형상들로 넘쳐난다. 〈엑시스텐즈〉의 중국 식당에서 파충류의 해체된 시체와 같은 음식물들, 게임 가게에서의 징그러운 파충류 같은 원초적 생물들을 닮은 게임 장비들은 관객의 구토를 유발하는 형상이기도 하다. 크리스테바Julia Kristeva는 현대예술에 도착과 예술의 은밀한 결합이 존재한다며, 현대예술가를 장기 밀매를 행하는 마약에 중독된 외과의사와 같은 존재로 비교하고 있다.[12] 그는

....

11 Géraldine Pompon et Pierre Véroneau, *David Cronenberg: La Beauté du Chaos*, p. 116.

12 Julia Kristeva, *Pouvoirs de l'horreur, Essai sur l'abjection*, Paris: Edition du Seuil,

자신의 이익을 위해 타인의 고통을 이용하는 냉소주의자이며, 그 자신 실존의 부조리를 위장하면서 타인을 고문하는 인물이다.

타인을 고문하는 동시에 자신을 고문하는 사도마조히즘의 이 예술가는 피부 표면에 가해진 신체적 처벌로 인해 피부가 조각조각 찢어지고, 구멍이 나고, 벗겨지게 되었을 때 공포의 최대치에서 이상한 향락에 도달한다. (앙지외는 병 조각으로 날마다 자신의 피부를 긁는 행위들을 모방 질환으로 명명하면서, 이러한 행위는 의학적 금기에 대한 도전을 의미하며, 의학적 권위에 대한 파괴만이 아니라 자신의 애착 대상이었던 부모에 대한 복수심이 자리 잡고 있음을 지적하고 있다.)[13] 〈엑시스텐즈〉에서 테드는 "우리의 진정한 몸은 어디 있지? 우리가 배고프고 위험에 처할 때 그 몸에 무슨 일이 일어나는 것이지?"라고 묻는다. 〈비디오드롬〉의 닉키가 담뱃불로 지져 대는 그의 피부는 초자아에서 비롯되는 처벌의 욕구와 도덕적 수치심이 엇물려 나타나는 닉키의 도착적인 초자아가 행하는 학대의 결과이다. 크로넨버그는 자신의 영화에 관한 다큐멘터리에서 "나는 말에 살을 부여해야 했다. 그리고 말을 기록하는 것이 실패할지라도 살 자체를 영화로 촬영하고자 하였다"[14]라고 진술한다. 그의 진술은 현대의 모든 말들이 김 빠진 사유로 변해 버렸으며 감각적 실체성을 통해 그 사유의 촉각성을 획득해야 함을 역설하는 것이기도 하다. 크로

1980, p. 23.

13 디디에 앙지외, 《피부자아》, 72쪽.

14 Géraldine Pompon et Pierre Véroneau, *David Cronenberg: La Beauté du Chaos*, p. 114.

넨버그가 그려 내는 세계는 라캉Jacques Lacan적 의미에서 대타자의 상징계가 붕괴된 세계이고, 그의 등장인물들은 사라져 버린 몸의 실체(?)로부터 존재감을 찾아 방황하는 존재들이다.

앙지외는 신체적 자아와 정신적 자아의 경계가 붕괴하면서 경계선장애증이 현대문화에 팽배해 있음을 지적하면서, 현대의 사상가와 예술가들이 서로 누가 가장 최악을 예상하느냐를 놓고 경쟁을 벌일 정도로 비관적으로 변해 버린 지금의 현실을 지적하고 있다.[15] 종교와 윤리, 그리고 법이 임의적arbitraire이라는 사실이 백일하에 드러났으며 그것은 종교와 윤리 그리고 법의 불가능성을 확증하고 있음을 루이-페르디낭 셀린Louis-Ferdinand Céline의 문학을 분석하면서 크리스테바는 지적하고 있다. 스티븐 샤비로Steven Shaviro는 크로넨버그의 영화가 구원과 초월의 가능성이 사라짐에 섣부른 애도를 하지 않는 영화로 주목하면서, 그러한 애도의 방식이 환상을 수용하거나 사회적 지배 장치들에 불과할 뿐일 수 있으며, 이상화와 환상의 시대는 사라졌음을 선언한다. 그리고 크로넨버그 영화들의 중요성이 공포·불안·애도의 정동들을 탈승화시키고 망가뜨리는 데 있으며, 살의 정동과 변형들을 어떤 상실이나 결핍의 이차적인 결과로서가 아니라 이러한 정동들을 그 자체로서 보여 주고 있다고 강조한다. 그리고 그의 영화는 의미 없는 하나의 물리적 자극으로서의 경험에 놓일 뿐이라고 서술하고 있다.[16] 테레

---

15 디디에 앙지외, 《피부자아》, 30쪽.

16 Steven Shaviro, *The Cinematic Body*, Minnesota: University of Minnesota Press, 1993,

혐오: 카타르시스와 승화 사이 |

사 드 로레티Teresa de Lauretis는 〈엑시스텐즈〉를 비평하면서 프로이트의 정신분석학이 주목한 몸의 문제에 대한 크로넨버그의 탐색에 주목하면서, 세계가 사라지고 자기애적 몸에 갇힌 주관적 향락의 미래 세계에 대한 두려움을 고백하고 있다고 보았다.[17]

이처럼 크로넨버그 영화에 대한 다양한 해석이 존재하지만, 그의 영화는 포스트모던적 맥락에서 이해되기보다는 작가 자신이 고백하듯 실존주의적 맥락에서 이해할 필요가 있다. 몸의 방황, 몸의 궁핍 문제는 장 폴 사르트르Jean Paul Sartre의 《구토》에서 주인공 로캉탱이 겪는 실존의 부조리 문제로 제시된 바 있다. 마찬가지로 포스트모던의 맥락에서 읽혀지는 앙지외나 크리스테바의 저술들 역시 상징계의 붕괴라는 현대 세계의 풍경 안에서 깊이 사유될 필요성이 제기된다. 현대예술의 도착 안에는 혐오를 둘러싼 불순함과 정화 사이에 힘겨운 투쟁이 존재한다. 여기에는 사르트르가 《존재와 무》에서 과장된 방식으로 분석하는 학대자와 희생자 사이, 대상과 주체 사이의 변증법이 존재한다.[18] 주체는 타자를 시선을 통해 더듬고 있다. 하지만 타자는 항상 주체의 점유 장소이자 소유로서의 대상으로 존재한다. 크로넨버그의 보디 호러에는 많은 과학자들이 등장한다. 예컨대 〈플라이〉의 주인공인 과학자 세스는 인간의 몸을 자유롭게 하려고 그 몸을 객체화해서 전송 가

---

p. 149.

17 Teresa de Lauretis, "Becoming Inorganic", in *Critical Inquiry*, Vol. 29, No. 4 (Summer 2003), p. 569. (pp. 547-570)

18 Jean-Paul SARTRE, *L'être et le néant*, Paris: Gallimard, 1943, pp. 442-445.

능한 하나의 정보 신호로 전환하고자 한다. 하지만 세스는 자신의 질투 때문에 자신의 몸을 실험 대상으로 만들면서 '브런들-파리'라는 괴물의 몸으로 변해 버린다. 세스는 처음에 인류의 조상이라 할 수 있는 원숭이를 실험 대상으로 삼아 전송 장치에 배치했으나, 이 실험이 실패로 끝나면서 원숭이의 몸은 해체되어 버린다. 이 첫 번째 실험은 타자의 몸을 대상화하는 사디즘의 관점이라 할 수 있다. 세스가 자신의 몸을 실험 대상으로 내줄 때 이것은 마조히즘의 관점이다. 주인공 세스의 마조히즘은 타자 혹은 세상으로부터 자신의 과학적 천재성을 획득하기 위한 인정투쟁의 일환이다. 이를 통해 세스는 타자인 베로니카(지나 데이비스 분)로부터 자신의 과학자로서 실존을 획득하게 된다. 사르트르의 사도마조히즘 욕망은 평형 자체가 불가능한 어떤 상태로, 타자의 윤리학의 난제를 고스란히 노출하는 동시에 그 자체로 인간적 실존의 잔인함과 솔직함이 동시에 존재한다. 앙지외는 피부자아가 성립되기 위해서는 부드러운 애무의 가능성이 존재해야 하며, 여기에는 촉각과 함께 금지와 위반 사이의 시선의 상징계가 존재해야 함을 역설하고 있다. 또한 크리스테바는 유순한 초자아의 필연성에 주목한다. 그녀는 프로이트의 자기애를 인용하면서 프로이트 초기의 욕동이론이라 할 수 있는 타자를 향한 성적 욕동과 자기 보존을 위한 자아의 욕동을 언급하고 있다. 크리스테바가 혐오적인 것의 분석에서 주목하는 것은 바로 "부성적 심급instance paternelle이 주체(아이)와 대상(어머니) 사이의 상징적 차원을 도입한다는 의미에서, 오직 부성적 심급만이 엄밀한 대상적 관계를 산출할 수"[19] 있다는 점인데, 자기애의 위기란 대상과의 적절한 시선으로서의 거리가 파괴된 것이고, 이 시선이 파괴될 때 주체 자체는 붕괴하고 주체는 정신병적 상태로 빠져드는 상태라고 할 수 있다. 적어도 크로넨버그의 영화는 인간 실존, 몸의 맹목성과 초월 사이의 어떤 경계가 필요함을 혐오적인 것을 통해 침묵 속에서 외치고 있다.

카타르시스와 승화 사이

크로넨버그 영화에 열광하거나 혹은 배척하는 사람들 사이에는 소위 '혐오적인 것abject'을 둘러싼 쟁점이 존재한다. 크리스테바는 현대예술에서 제기되는 이러한 혐오적인 것의 표상들이 한편으로는 몸의 증상과 연관되며, 다른 한편으로는 정신적인 승화sublimation의 문제와 연관되어 있음을 주목하고 있다. 그녀에 따르면, 몸의 증상과 연관된 이 혐오적인 것은 동화 불가능한 이질적인 것의 총체로서 괴물과 같은 것으로 형상화되며, 욕망의 대상이 되기보다는 버려진 쓰레기 혹은 똥이나 침 같은 분비물 등 구역질 나는 것으로 나타난다. 또한 승화의 측면에서 이 혐오적인 것은 명확한 대상이 존재하지 않으며, 주관적 확장을 통해 그 대상이 포섭되기보다는

---

19 Julia Kristeva, *Pouvoirs de l'horreur, Essai sur l'abjection*, p. 56.

그 대상과 모호하게 걸쳐 있는 상태 속에 있다.[20] 크리스테바의 '혐오적인 것'은 신이 사라지고, 삶의 의미 자체가 깊은 회의에 빠진 현대적 고통의 신체적 증상으로 우선 이해할 수 있다. 동시에 크로넨버그의 영화가 그러한 혐오적인 것을 영화적으로 표현하고 있다면, 그 증상에 대한 의미의 이름을 승화적 혹은 해석적 차원에서 제기하고 있다.

여기서 크로넨버그의 몸의 영화적 재현 방식에서 고통의 경험과 그 의미가 무엇인지를 질문해 볼 필요가 있다. 그의 영화에 등장하는 등장인물이나 세계는 깊은 병리적 상태에 놓여 있다. 그의 영화에서 몸은 하나의 사물과 같이 다루어진다. 피부는 침 혹은 바이러스 같은 것에 의해 더러워지고, 몸의 내부로 무엇인가가 침입하고, 피부는 절단된다. 또한 이성애적이든 동성애적이든 영화에서 성애화된 방식으로 묘사되는 내밀한 행위로서의 성적 관계는 존재하지 않으며, 사랑은 낭만적인 환상에서 연민으로 결국에는 혐오의 상태로 전락해 간다. 또한 인간은 동물이 되며, 동물은 인간이 되고, 기계와 인간이 교접한다. 동물, 인간 그리고 기계의 경계는 유동적으로 변신한다. 여기에는 거울에 비친 이미지 속에서 혐오만을 발견하고 아무것도 먹지 않는, 역설적으로 무無 · rien 를 유일한 양식으로 삼는 상태가 존재하며, '나는 누구인가?'라는 정체성의 질문 대신 '나는 어디에 있는가?'라는 현대적 인간의 몸의 궁핍의 문제가 제기된다.

....

20 Julia Kristeva, *Pouvoirs de l'horreur, Essai sur l'abjection*, pp. 18-19.

혐오: 카타르시스와 승화 사이 |

〈비디오드롬〉 이전까지 그의 영화가 보디 호러 형식을 취해 왔고, 이러한 공포영화들이 추구하는 학대자에 의해 고통받고 죽어가는 사람들에 대한 가학적 쾌감과 동시에 끔찍하고 혐오스런 정서 속에 고통을 느끼는 피학적인 관객의 쾌감을 어떻게 받아들일 것인가의 문제로부터 공포영화의 쾌락에 대한 정치적이고 윤리적인 의심의 태도는 항상 존재해 왔다. 공포영화 장르는 이러한 사도마조히즘적 쾌락의 대중적 양식이라고 할 수 있다. 괴물의 형상속에 공포의 쾌감 혹은 주이상스jouissance가 존재하며 만약 그것이 어떤 가능성을 준다면, 그것을 통해 우리는 어떤 의미의 가능성을 발견했기 때문이다. 여기에 공포영화의 역설이 존재한다.

정신분석학적 맥락에서 크리스테바는 플라톤부터 헤겔까지 이르는 카타르시스를 둘러싼 오래된 미적 · 윤리적 성찰을 검토하면서 카타르시스와 승화의 문제를 다시 제기하고 있다. 아리스토텔레스의 해결책은 다음과 같다. 불순하고 더러운 인간 본능의 배설을 통한 정화가 존재하며, 성적인 성격의 그 불순함을 다른 리듬, 다른 작용을 통해 변형시킬 때, 즉 운율과 노래라는 비극의 합창을 통한 카타르시스의 진정한 가능성이 있다는 점이다. 카타르시스 속에 놓인 이러한 미적인 것과 윤리적인 것에 대한 서양철학의 오랜 논쟁을 주목하면서, 크리스테바는 성적 불순함의 역사적 완성이 결혼에 있다는 헤겔의 사유에서 슬픔의 정조를 주목한다.[21] 이 슬픔tristess은 침묵 속에 존재하며, 이 침묵은 인간 실존의 어떤

21　Julia Kristeva, *Pouvoirs de l'horreur, Essai sur l'abjection*, pp. 36-38.

조건에서 비롯되는 것이기도 하다. 그리고 그녀는 정신분석 치료에서 프로이트와 내담자의 치료 담론을 다시 거론한다. 이 담론에서 중요한 것은 말 자체의 해석이 아니라 말해지지 못하는 것, 표현될 수 없는 것, 인간이기에 생각돼서는 안 되는 정동들의 움직임이 상연되며, 치료 담론의 성패는 바로 침묵 속에서 그 정동들의 담지자인 내담자에 대한 전이와 역전이의 동일시 속에서 가능함을 크리스테바는 주목한다. 따라서 프로이트의 치료론에서 동일시는 그 내담자의 고통에 대해 내어짐으로서의 동일시이고, 용어의 강렬한 의미 그 자체인 육화되는 말로서 해석이 건네져야 한다는 점이다. 이것은 단순한 정화가 아닌 혐오적인 것과 함께하는 동시에 혐오적인 것에 대립하는 재생의 과정이며, 바로 그때 비로소 카타르시스적일 수 있음을 그녀는 주장한다.[22] 이는 현대예술에서 카타르시스를 둘러싼 어떤 딜레마가 놓여 있음을 주목하는 것이기도 하다.

크로넨버그 영화에는 미치거나 괴물이 된 등장인물이 존재한다. 〈비디오드롬〉의 맥스와 닉키, 〈크래쉬〉의 보건·발라르·캐서린, 〈엑시스텐즈〉의 알레그라와 테드가 그들이다. 그의 영화는 그들을 악마화하고 괴물화하면서 인간의 불순함을 그 인물들 속에 변제시키는 기능을 하지 않는다. 구멍 난 배에 자신의 총을 겨누는 맥스의 행위가 있고, 여전히 연기延期되는 오르가슴에 신음하는 발라르와 캐서린이 있으며, 가상과 현실의 붕괴 속에서 새로운 세

---

22 Julia Kristeva, *Pouvoirs de l'horreur, Essai sur l'abjection*, p. 39.

계를 찾아 떠나 버린 알레그라와 테드가 존재한다. 그들이 종횡무진 보여 준 영화적 세계로부터 영화는 하나의 침묵의 공간을 던져놓으며, 이 침묵으로부터 카타르시스는 온전히 관객의 몫으로 돌려진다. 그의 영화에서 슬픔은 고독하고 쓸쓸한 슬픔이고 현대의 관객은 분명 비극과 함께 노래하며 정화되던 그러한 세계를 상실한 관객이기도 하다. 혐오적인 것 앞에 경악하는 관객이 있으며 이것으로부터 발견해야 할 무엇은 미제로 남겨질 뿐이다. 이러한 의미에서 크로넨버그는 카타르시스와 승화 사이에 있는 침묵의 공간, 그 공간을 혐오적인 것의 극단에서 그 역설적 가능성으로 표현해 낸 현대적 영화작가의 중요한 인물이라고 할 수 있다.

참고문헌

디디에 앙지외, 《피부자아》, 권정아 · 안석 옮김, 인간희극, 2008.

Colin McGinn, "The Fly and the Human, Ironies of Disgust", in *The Philosophy of David Cronenberg*, Edited by Simon Riches, Kentucky: University Press of Kentucky, 2012.

David Cronenberg, "Introduction, The Beetle and The Fly", in *Metamorphose* (Franz Kafka, trans. by Susan Bernofsky), New York/ London: W.W. Norton & Company, 2014.

Teresa de Lauretis, "Becoming Inorganic", in *Critical Inquiry*, Vol. 29, No.4 (Summer 2003).(pp.547-570)

Thomas Elsaesser, "Contingency, cousality, complexity: distributed agency in the mind-game film", *New Review of Film and Television Studies*, 16:1, 1-39.

Franck Henry, *Le Cinéma Fantastique*, Paris: Cahiers du cinéma, coll. «Les petits cahiers», 2009, p. 95.

Géraldine Pompon et Pierre Véroneau, *David Cronenberg: La Beauté du Chaos*, Paris: Cerf-Corlet, 2003.

Jean-Paul SARTRE, *L'être et le néant*, Paris: Gallimard, 1943.

Julia Kristeva, *Pouvoirs de l'horreur, Essai sur l'abjection*, Paris: Edition du Seuil, 1980.

Noël Carroll, *The Philosophy of Horror or Paradoxes of the Heart*, New York : Routledge, 1990.

Raymond Bellour, *Le corps du cinéma: Hypnoses, émotions, animalités*, Paris: POL/Trafic. 2009.

Sigmund Freud, *Pulsions et destins des pulsions*, (1915), Paris: Payot, coll. «Petite Bibliothèque Payot», 2010.

Steven Shaviro, *The Cinematic Body*, University of Minnesota Press, 1993,
William Bread, *The Artist as Monster, The cinema of David Cronenberg*,
Toronto: Universty of Toronto Press, 2006.

Thomas Elsaesser, "Digital Cinema: Convergence or Contradiction?", in
The Oxford Handbook of Sound and Image in Digital Media, Oxford
Handbook, 2014.

디지털 시대의 정체성과 위험성

2022년 6월 20일 초판 1쇄 발행

지은이 | 김선희 · 김광연 · 이현재 · 유서연 · 정성미 · 정락길
펴낸이 | 노경인 · 김주영

펴낸곳 | 도서출판 앨피
출판등록 | 2004년 11월 23일 제2011-000087호
주소 | 우)07275 서울시 영등포구 영등포로 5길 19(양평동 2가, 동아프라임밸리) 1202-1호
전화 | 02-336-2776 팩스 | 0505-115-0525
블로그 | bolg.naver.com/lpbook12
전자우편 | lpbook12@naver.com

ISBN 979-11-90901-87-1